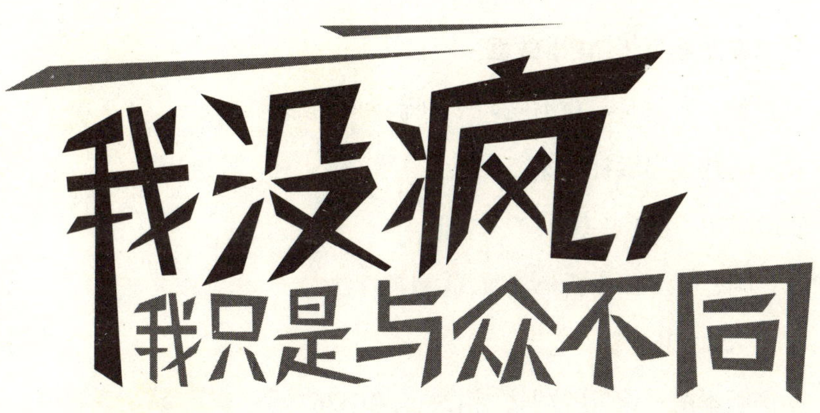

祈莫昕◎著

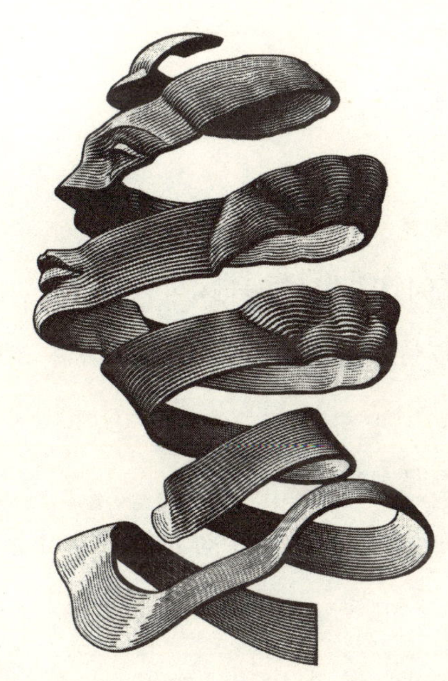

民主与建设出版社

图书在版编目（CIP）数据

我没疯，我只是与众不同 / 祈莫昕著. — 北京：

民主与建设出版社，2015.3

ISBN 978-7-5139-0594-7

Ⅰ. ①我… Ⅱ. ①祈… Ⅲ. ①精神疗法

Ⅳ. ①R749.055

中国版本图书馆CIP数据核字(2015)第048636号

出 版 人：许久文

责任编辑：刘 芳

整体设计：尚世视觉

出版发行：民主与建设出版社有限责任公司

电 话：(010)59419778 59417745

社 址：北京市朝阳区阜通东大街融科望京中心B座601室

邮 编：100102

印 刷：固安县保利达印务有限公司

版 次：2015年8月第1版 2015年8月第1次印刷

开 本：16

印 张：14

书 号：ISBN 978-7-5139-0594-7

定 价：32.80元

前言

有一个精神病患者，他觉得自己是一个蘑菇，于是每天都蹲在墙角一动不动，不管风吹日晒雨淋，任谁和他说话，他都不愿搭理。

这样的情况已经持续很久了，医生和看护都拿他没有办法。

当一个新来的医生了解到这些情况后，什么也没说，只是来到这名患者旁边，用和他一样的姿势蹲下去，也不动弹。

接下来的几天都是这样，当这名病患来到墙角，医生也来到墙角；病患蹲下了，医生也跟着蹲下了。两人没有什么交流，只是重复着一样的动作。

雨季过后的一天，病患突然对医生开口了："Hi，你也是一个蘑菇吗？"

医生看着他，点点头。

病患接着说道："那雨季过去了，我想我们都长成熟了。我觉得你长得很不错呀！"

从此，这名病患和医生成为了朋友，他们有聊不完的关于蘑菇和森林的话题。

在大多数人眼中，精神病患者大概就是这个样子，他们的脑子"不正常"，甚少能与人有效地沟通。然而事实上，所谓的精神病患远比我们想象的要复杂得多，也丰富得多，他们的世界绝非只是"一个蘑菇"那么简单。

我们的大脑，是自然界构造最为精密也最为复杂的器官，研究显示，没有人能够完全地开发自己的大脑，在那些沟沟壑壑的皱褶中，我们所启动的只是很少的一部分而已，换句话说，大脑对于我们而言，依然是一个潘多拉魔盒，神秘且充满未知。

正常人的大脑尚且如此，那么那些精神病患者的大脑呢？是什么奇怪的东西在左右着他们，以至于他们显现得与常人如此之不同？

当一个人的肢体协调能力出现了问题，那他眼前的景物是正常的，还是与他一样发生了倾斜或者倒转？

当一个人嘴里说着胡话，他的大脑里是不是已经一片混沌？

好人可以瞬间变成恶魔，他们是疯了，还是疯了，还是疯了呢？

狂躁之后渐变抑郁，为什么有些人还能够创作出惊世文明的艺术作品？

有的人外向得无以复加，有的人则永远缩在自己的壳里，为什么会如此之不同？

有的人大脑受到创伤之后，为什么会只记得当天发生的事情？

……

这真是一个疯狂的世界，有那么多看似“不正常”的人在手舞足蹈，精神病人的世界也许我们不懂，但实际上，没有谁生下来就愿意自己“有病”，生活的背景、家庭的教育模式以及遗传的因素，都可以左右一个人人格的形成，如果我们深入探索一下，看到了他们那些反常行为背后的心理机制，或许能够更好地了解那些精神病患者的内心。

本书选取了24个不同的类型故事进行讲述和深入的剖析，我们可以从中看到那些不被关注的，缩在阴影里的一群人的生活和心理。事实上，精神病患者的世界，远比我们想象的要丰富多彩，充满单纯的美好。

目录

上篇

打开大脑的潘多拉魔盒

Chapter1　编个故事吧

阿曼达从美国旅行回来，刚要走进伦敦市区的高级别墅，就在她拿出钥匙插进锁眼的瞬间，一种不祥的预感出现了……

突然，她感觉身后有人匆匆跑了过去，还没等她反应过来，她已经转动了钥匙，就在门开的瞬间，一股强烈的火焰扑面而来，整个房间被炸飞了。

我的世界你不懂

这不是电影剧情，当然也不是现实场景，这只是存在于阿曼达脑子里的幻象，她经常产生这样的幻觉，朋友们已经见怪不怪了。

阿曼达今年28岁，是一位单身贵族，住在伦敦市中心的高档公寓内，她的身边从不缺少追求者，然而却没有一个人能够长时间忍受她。

这一切都源于她有被害妄想症。试想，如果你总是怀疑你的男朋友要杀你，或者没事就幻想房子被炸飞了这么刺激的场景，谁能够跟你一起?

斯内德是阿曼达的上一任男友，相处时间2个月零7天，期间他曾13次试图“刺杀”阿曼达。当然，这都是阿曼达想象出来的，斯内德后来无奈地说，我的“刺杀方式”比好莱坞大片都疯狂。

两个人通过Facebook相识，在约会之初，阿曼达就怀疑网上交友的人看重的是她的财富与美貌，但是她还是通过Facebook找到了七位男友，可惜时间都不长。这一次的倒霉蛋是斯内德，他们在约会的第一天就闹出了笑话。

当晚，两个人都盛装出席，来到一家很上档次的西餐厅，身为基金经理的斯内德同样很有钱，而且颇具风度，可谓一表人才。

两人相谈甚欢，然而一个服务生走过，可能是因为阿曼达的美貌而多看了她一眼，这下好戏就开始了。阿曼达的眼睛诡异地转了一下，然后开始重新打量这家西餐厅，虽然已经来过无数次，但是她依然不放心。查看完四周的环境，她又开始打量斯内德，并不时扫视身边的人。

这时，阿曼达突然对斯内德摊牌，开始了一番匪夷所思的质问：

“你到底是谁？”

“约我有什么目的？”

“你们一共有多少人？”

三个问题把斯内德问住了，他不知道是怎么回事。

突然，阿曼达抓住刚才那个服务生，说道：“我观察你很久了，你一直在偷偷看我，你们的负责人是谁，到底有何目的？”

阿曼达故意提高嗓门，她这样做是为了吸引更多人的关注，从而提高安全感，她知道“凶手”是不能在大庭广众下行凶的。

这场闹剧很快就结束了，然而斯内德却红着脸说不出话，要知道，这家餐厅的顾客都是上流人士，很多人都跟他熟识，这下真是下不来台。

不知道什么原因，两个人第一次约会就搞成这样，竟然还产生了感觉，保持了联系。但继续交往了两个月后，斯内德实在无法忍受，终于提出了分手。而阿曼达并没有伤心，因为她已经习惯了，似乎她因为男友的离开而感到更安全，因为又有一个想要“图财害命”的家伙被她打败了。

阿曼达不仅经常幻想自己被害，还常常为身边的人担心。某天，她的助理在晨会后被老板点名叫去办公室，阿曼达竟然拉住助理的手，让她小心点。阿曼达的分析很有意思：“你小心点，去办公室不要关门，老板今天为什么突然要找你？最近性骚扰趋势又升温了，你要保护好自己。”

助理听后不知所措，感觉很不好意思。实际上，老板只是找她说点私事，两分钟就出来了。

一天，阿曼达来到女朋友琳达的公寓，琳达因为天热要去冲凉，这时阿曼达的妄想症又爆发了，由于当晚她刚看过希区柯克的电影，她在琳达沐浴时突然拉开浴帘四处检查一番，并说道："我担心有人会来杀你，尤其是在你淋浴的时候。"这下可把琳达吓得不轻。

阿曼达的妄想症几乎每天都在发生，她的人际关系也因此变得很差，她自己也非常痛苦，因为陷入妄想中并不是一件让人感到兴奋的事情，她在周围人眼中已经由"神经质"上升到"精神病"级别了，她也倍感折磨。

深入探秘

被害妄想症是妄想症中最常见的一种，它是精神疾病的一个重要病症。主要是指患者往往处于恐惧状态而产生胡思乱想的思维障碍，坚信自己遭受迫害，此时病人表现得极度谨慎和处处提防，还时常将相关的人纳入自己妄想的世界中。

任何人都可能偶尔出现被害妄想症，突然间变得疑神疑鬼，产生受迫害的非理性幻想。然而，如果这种情况经常发生，那么就比较严重了，应该引起足够重视。对所有人而言，缺乏安全感和孤独寂寞的人最容易出现妄想症，他们最初觉得"没人关心我"，后来演变为"有人要害我"。

身处战场的士兵更容易出现此类病症，由于他们每天都面对非常危险的环境，所以更容易出现被害妄想症。保罗·福塞尔在《世界大战与当代记忆》一书中记载道：第一次世界大战期间，英国士兵认定在他们后方耕地的法国农民暗中给德国炮兵发信号，为德国炮火指点英国阵地的位置。

当时，那些英国士兵恐惧至极，在他们眼中，迎风而动的风车，牵着牛的农夫，晾衣服的妇女都成了令人惊恐的暗号，许多人受不了压力几近崩溃。

诸多案例都证明，被害妄想症是一种严重的精神疾病，患者深受其害，尤其在婚姻生活中，如果一方得了被害妄想症，那么离婚的可能性非常大。

老王的媳妇就患有被害妄想症，只是没有前面提到的阿曼达那样疯狂，所以从没引起重视。一天晚饭后，妻子边收拾屋子边告诉老王说明天同学聚会，老王正在津津有味地看足球赛，随口说了一声“嗯～”，没想到老王这句漫不经心的应和招来了妻子一连串的抱怨：“我就知道你不想去……就知道看球，从来都不陪我，你是不是外面有人了，这日子没法过了！”

老王今天也过得不顺，在单位挨了批，回家看球都不踏实，于是跟妻子吵了起来：“你个老娘们没事找事，不打架难受是吧，离就离！”

像这样的争吵隔三差五就会出现，老王非常头疼，他从头到尾也没说过不去参加聚会，而妻子却持有既定偏见——老公从来都不想陪自己，肯定是外面有人了。

这就是典型的被害妄想症，无中生有的猜忌，是导致关系破裂的罪魁祸首。一个人如果带有预设的负面立场，很容易产生被害妄想情绪，无论你怎么说，怎么做，对方感受到的只有敌意。

英国《镜报》在前不久报道了一条新闻，一位叫做黛博拉·罗森的英国女子自爆长期被好色的“鬼魂”骚扰，这种骚扰已经严重影响到她的家庭生活。

黛博拉向记者详细讲述了这一灵异事件：

一天，黛博拉做完家务正在午睡，突然发觉椅子微微晃动，而且震感越来越剧烈，忽然桌布连带着盘子掉在了地板上，盘子摔得粉碎。黛博拉从午睡中惊醒，她看到一股雾气在窗边漂浮，渐渐地幻化为三个陌生的人影。

黛博拉详细描述出三个人的样子，30多岁的白人男性，身穿白衣黑裤；另一个也是30多岁的白人女性，穿着长裙；还有一个大约5岁的小女孩。

黛博拉吓坏了，拼命跑出屋子，呆呆地坐在外面的草地上。直到几个小时后丈夫凯文回到家，发现黛博拉时她还在颤抖，仍然没有从惊恐中解脱出来，她甚至都不敢迈进房门。

当黛博拉的情绪平复之后，将详情告知丈夫，而凯文则建议她去看看精神科医生。于是，黛博拉来到了医院，医生给她开了抗抑郁药物。

服药之后的一段日子，黛博拉的病情稳定，但没过多久她又看到了鬼魂绕着房子飘来飘去。这一次，黛博拉的幻想症更为严重，她经常能感觉到被鬼魂猥亵，她觉得鬼魂用脸紧贴着她的面部，粗重的呼吸让她喘不过气，并抚摸她的大腿。黛博拉说鬼魂一次比一次粗野，有一次甚至脱下她的裙子并把她按在沙发上。

自从黛博拉开始出现幻觉以后，她和凯文就开始分房睡了，两人经常出现争吵，长达23年的婚姻关系也出现了裂痕。黛博拉觉得凯文的脾气越来越暴躁，对自己越来越不好，她总是故意找茬争吵，甚至偷录凯文打电话的录音，结果第二天对峙时却发现那根本不是凯文的声音。

凯文和黛博拉都饱受鬼魂的骚扰，他们请来了驱魔师，又找来了有特异功能的史蒂文，结果效果都不持久。最后，他们决定搬离这里。黛博拉说“我可能有精神上的问题吧，谁知道呢？至少我彻底远离那个性骚扰的鬼魂了。”

很显然，黛博拉确实存在精神问题，这是典型的被害妄想症，而且黛博拉的症状已经十分严重了。

病理溯源

被害妄想症，是诸多妄想症中的一种，它们都隶属于精神分裂症的范畴，而妄想正是精神分裂症最为典型的症状。在后面的章节，我们会专门为大家介绍有关于精神分裂症的种种，因此在这里只是简单地探讨一下妄想症。

通俗地说，人之所以会产生一些妄想或者说是幻觉，主要是因为大脑不听使唤，左脑接受了来自右脑的错误指令，因而产生了歪曲的理解和判断。

这些理解与现实极端不符，可是大部分患者自己却意识不到，他们偏执地认为所有人都无法理解自己，也无法帮助自己，因为他们看不到这些，“只有我看得到”。这类患者多数时间都处于焦虑之中，无法放松自己，越是焦虑，就越容易出现幻觉，可怕的声音，可怕的人等等。

让人难过的是，大部分的被害妄想症患者都伴随有自残或伤人的行为，他们无法控制自己，甚至不明白自己到底干了什么事情。因此对于他们来说，入院治疗是最好的方式。庆幸的是，这种疾病具有一定程度的外显性，身边的人很轻松就能看出来。

Chapter2　每一天都是新的

在电影《初恋50次》中，原本玩世不恭的海洋公园兽医亨利被一位叫做露西的美丽姑娘彻底吸引了，他决心不顾一切地去追求露西。可是亨利却发现，外表清纯可爱的露西似乎“有点问题”，她无法记住头一天发生的事情，也就是说，每天睁开眼睛，露西的记忆都是新的，她必须重新认识这个世界，但到了每一天的结束，所有的记忆又都消失了。

亨利坚持不懈地追求着露西，对于他来说，露西是生命中最熟悉的爱人，而对于露西来说，亨利是一个新鲜的，如初恋般的美好的恋人，也的确，露西的每一天，都是初恋。

我的世界你不懂

故事到了最后，当然是圆满的大结局，观众感叹爱情的美好和动人的同时，也不禁怀疑起剧本的真实性。现在，我们就要来说说，表现在露西身上的奇怪症状，到底是真的呢，还是编剧幻想出来的？

实际上，露西这个角色是有原型的，她所表现出来的定时失忆的症状，在神经学上被称为苏萨克氏症候群，这是一种在医学上非常罕见的病例，迄今为止，全球已知的患有苏萨克氏症候群的人，也仅有240个。

英国的《每日邮报》就曾报道过这样一个案例。一名叫做杰丝的19岁女孩，原本是艺术学院的学生，她性格开朗，外表娟秀，在班里属于很活跃的学生，经常参加舞台剧的表演。如果这样发展下去，她以后也许能成为著名影星。

一天下午，当杰丝正在舞台上表演的时候，突然晕倒了，同学们吓了一跳，赶紧将她送往医院，几个小时后，杰丝醒了过来，她眼光陌生地朝着周围扫视了一圈，随后捂着头，脸上呈现出痛苦的表情。医生赶紧询问，杰丝嘴里只反复地叫喊道："我的头好疼……"经过一番紧急治疗，杰丝的头痛缓解了一些，但更可怕的事情还在后面，杰丝失忆了！

围绕在她身边的人，她一个都不认识，对闻讯而来的父母，她也认不出他们是谁，她的头脑混乱不堪，说出来的话前言不搭后语。大家都很紧张，医生也意识到了问题的严重性。然而，询问了一圈，同学们都否认杰丝在晕倒前脑部遭受过撞击，"她是忽然就晕倒在地的！"大家提供的信息几乎一致。

难熬的一天终于过去了，杰丝的父母在混乱中勉强休息了一下，他们期待着，女儿经过一晚上的休息之后，能够完全地恢复过来。可是第二天，每个人都失望且惊恐。杰丝醒来后，依然对周围的一切表示出了陌生感，更为奇怪的是，她也同时忘了头一天发生的事情，既不知道自己在表演舞台剧，也不知道自己忽然晕倒了。她就像一个初生的婴儿，对周围的一切都充满了好奇，同时也满布无知。

第三天，情况没有发生任何好转，杰丝从睡梦中醒来，又完全忘记了前一天的事情，她的记忆似乎只能保持24小时，每一天对她来说，都是全新的一天。

医生们感到束手无策，既无法知道引起杰丝失忆的原因，又没有什么好的方法来对其进行治疗，慢慢接受了这个现实的杰丝和她的家人，只能通过最原始的方法来应对这一切。杰丝身边多了很多笔记本，她每天睁开眼睛的第一件事情，就是记下脑子里所有的想法和新的记忆，以便第二天核对。

只是突然的一场昏迷，杰丝一家的生活被完全地改变了。就连杰丝自己都沮丧地说，她没有了过去，只有现在。遗憾的是，这种状况持续了十多年，还是没有改变。

深入探秘

光是记忆受损，这并不是苏萨克氏症候群患者唯一的痛楚，实际上，他们还要承受很多不定期发作的、病理性的疼痛。杰丝的每一天虽然都是一个真正全新的开始，但这并没有什么值得高兴的，只要她试图回忆点什么，脑袋就会剧烈地疼痛，这种疼痛显得如此不堪忍受，杰丝甚至会抱着脑袋往床沿上撞。

不但如此，她发现自己的视物能力也出现了问题，写日记时，会看不清纸上的字，出现重影。她完全无法忍受过于明亮的光线，白天也拉上厚厚的窗帘。而且，尽管她很努力地在听身边人所说的话，可是往往听不太清楚，脑袋里会有嗡嗡的干扰声，就像有无数只苍蝇不停飞舞着一样。这些不适的感受，几乎每天都在折磨着杰丝，她的身体每况愈下，而可怜的她却根本不记得到底发生了什么事情。

在临床学上，苏萨克氏症候群是极少发作的病例，发病原因不详，但多半是由外力的创伤引起的。因为无法确认病因，而且患者非常罕见，因此苏萨克氏症候群到目前为止还没有一个有效的治疗方法。

但总不能因为没办法治疗，就对不幸患上这种病的人放任自流吧！

当然不会。在医学还不能完全地找到解决途径的时候，我们可用一些辅助性的办法来帮助罹患这一疾病的人。

最好的办法，当然就是写日记了。对于苏萨克氏症候群人来说，生命就只有24个小时，因为到第二天睁开眼睛，他又变成新的自己了，既忘了过去，也没有能力展望将来，即便展望了，也会很快地被忘记。这个时候，用笔将一切写下来不失为一个好办法，当第二天醒来，翻看头天写的日记的时候，也许会从一些细碎的片段中，拼凑出些许记忆，这对于康复是非常有帮助的。

而且，患者身边的人，也可以通过患者的日记来观察其心理和生理的变化，调整对待他的方式，从每天的一个点，慢慢连成线，再扩展成面。

其实，与苏萨克氏症候群患者相处，未必就是一件辛苦的事情。生活中很多人苦于记得太多的不愉快、不如意，并会因为难以忘怀而陷入困顿，可这样的苦恼在苏萨克氏症候群患者身上就完全不会存在。即便有什么不如意的地方，烦恼也会在睡了一觉之后烟消云散。因此，对苏萨克氏症候群患者的关注，其实就是一种对自己的修行，在帮助他们的同时，我们也可以改良自己的生活。

病理溯源

我们虽然无法完全地、科学地解释苏萨克氏症候群的成因，但它毕竟是属于失忆的一种，这样我们便可以从熟知的失忆症中，找到些线索。

在电影《被偷走的那五年》中，女主人公因为一场车祸而丢失了五年的记忆，到后来，又因为血块压迫脑神经，手术失败而高位瘫痪，真真赚足了观众的眼泪。电影中女主人公车祸后所患的便是失忆症。

失忆症只是一个泛泛的名称，实际上它包含了很多种类型。从失忆的原因上看，失忆症可以分为心因性失忆症和解离性失忆症。前者通常是因为脑部遭受创伤引发的；而后者则更复杂一些，因为记忆、意识、身份或者对环境的正常整合能力遭到破坏而引发的生活受困，患者常常会忘记自己是谁，或者分离出很多个“我”，这种现象接近于多重人格障碍，我们在后面的章节中会详细介绍。

心因性失忆症也有不同的失忆表现，且失去的记忆也各种各样。有的患者会忘记了过去的经验，比如在重大车祸死里逃生之后，有的人从此便无法开车，与其说他忘记了驾驶的基本技能，不如说是潜意识在控制着他去逃避坐在驾驶室开车的状态和感觉，因为那会勾起不堪回首的记忆。因此这种失忆方式多半是心理原因造成的。

有的患者所失去的记忆是某一段时间内的，就像《被偷走的那五年》中女主人公便是失去了近五年的记忆，对于五年前的事情，她记得清清楚楚，但似乎根本就不知道还有后来的这五年。

还有一种情况，是患者忘记了那些重大的事情，通常这些事情都是悲伤的，令人沮丧的，承受不了的。这种失忆也称为“情节性失忆症”。

第四种情况也比较常见，患者在遭受到一些刺激之后，出现短暂性的失忆，没有事件区分，也没有年代的区别，总之就是“什么都不记得了”，然而这种情况会随患者情绪的平复逐渐消失，最后会恢复完整的记忆。

如果不是身在其中，也许我们很难理解失忆症患者以及他身边人的痛苦。不要以为失忆只是不记得那些人、那些事那么简单，他们同时会遗忘了一些技能，对抽象事物的理解能力和表达能力都会出现障碍，他们会变得暴躁、迟钝，而且合作能力大大降低。

他们拥有了属于他们自己的世界，在这个世界中，几乎所有的东西都是混沌的，画面、色泽、美感，好像都已经失去了其原本的意义，甚至有时候，连看对面的人，也会恍惚，脑海中会浮现出“两只眼睛、一个鼻子、一张嘴，这样是一个人”的可笑概念。

也许我们永远无法知道失忆症患者的世界，就像如果他们得不到有效的康复，就永远不可能再回到正常人的世界中一样。但有时候，不得不承认，在他们那断篇的，无法拼凑完全的记忆世界里，悲伤和抱怨存在的空间非常有限，而他们的快乐程度也会远远高于正常人。

Chapter3　是妻子还是帽子

当你的脑神经出现了问题，哦，可能，你永远也无法在脑神经没有问题的时候想象那些场景。因为中风或者其他原因导致的脑神经问题有时候会让人变得无法分辨自己身体的部分，而这种近乎“神经病”的表现总会让常人感到不可思议。

不过，先不要露出过度错愕和同情的表情，很多时候，病人的世界并没有我们想象的那么孤独和可怕。在我们的眼中，他们显得不正常甚至可怜，但也许在他们的眼中，也同样无法理解，为什么我们会那么“可怜”。

我的世界你不懂

当皮格博士走进奥利弗医生的诊所时，一切看起来都再正常不过了。作为一名在音乐和作曲方面天赋异禀的人，皮格博士从不会在别人面前掩饰他对音乐的热爱，哪怕是陌生人。

皮格博士长着一张圆圆胖胖的脸，笑呵呵的，非常有亲和力。奥利弗医生几乎在30秒内就喜欢上了这位音乐博士。可是他到底出了什么问题呢？为什么会走进神经科医生的诊所呢？

“哦，他们都说，我的眼睛出了点毛病。”皮格博士坦然道。

奥利弗医生仔细观察，发现皮格博士的确有些奇怪，他们分明在对视交谈，但皮格博士的眼睛却在奥利弗医生的面部不停地扫视，从左眼，跳到嘴唇，目光不停地移动，而且充满了困惑之感，像是无法分辨这些五官一般。

“好的，博士，麻烦您脱下左脚上的鞋子，我给您做一些检查。”

奥利弗医生用一把钥匙轻触皮格博士的脚底，但皮格博士没有任何反应，连正常的条件反射都没有。奥利弗医生开始意识到问题究竟出在哪里。

“好了，博士，您现在可以穿上鞋子了。”奥利弗医生一边说着，一边转身到办公桌前，他要把自己的初步推断记录在案。

两分钟之后，他抬起头，错愕地发现，皮格博士并没有穿上鞋子，而是低着头，盯着自己的左脚发呆。

“需要我帮你吗？博士。”奥利弗医生问道。

“帮我？……额，可是帮我什么呢？”

“穿上您的鞋呀。”医生回答。

“您能帮我把我的妻子叫进来吗？”皮格博士有些羞涩地说。

当皮格博士的妻子来到他旁边坐下，奥利弗医生注意到，皮格博士开始艰难地穿鞋，只见他抱着自己的左脚，不停地去靠近放在一边的鞋子，他的动作奇怪且滑稽，因为他一直试图把脚套在鞋子外面。

“亲爱的，这个才是你的脚。”他的妻子指着皮格博士的左脚说道。

“哦，可是我觉得，这个应该是我的鞋才对。”

这是一个艰难的穿鞋过程，终于那只鞋子被正确合理地穿到了皮格博士的左脚上。他站了起来，和奥利弗医生确认了下一次问诊的时间，然后准备离开。这时候，又一幕滑稽的情景上演了，只见皮格博士一把抓住妻子的头，然后像握住帽子一样往上提，试图把这颗头戴到自己头上，而他的帽子，则好好地放在他眼前的桌子上。

“亲爱的，你在干什么呢？”妻子问道。

“我应该戴上帽子，然后离开了呀，别忘了我下午还有课要上呢。”皮格博士认真地回答道，从他的表情，一点也看不出他是故意抓着妻子的头开玩笑的样子。

他的妻子无奈地叹了一口气，站起身，把皮格博士的帽子交到了他的手上，然后朝着奥利弗医生摊了摊手。

这个场景，让奥利弗医生决定了，下一次的诊疗，要亲自上门拜访。

一个星期后，奥利弗医生敲开了皮格博士家的门。

他们交谈得很愉快，并且分别弹唱了几首曲子。由此，奥利弗医生判断，皮格博士大脑中主管听觉信息的颞叶部分不存在任何的问题，而且，鉴于音乐与记忆和情感的密切关系能够推断，皮格博士的音乐皮质区功能也非常健全。

随后，奥利弗医生拿出了几张多面体的图片。皮格博士看到后笑了，轻松地说道："医生，我想这些图片我完全能够辨认，比如您手上现在拿着的这张图片就是一个十二面体，下一张呢，它是个立方体……"看来，皮格博士完全能够清楚地区别抽象形状。

那么，问题究竟出在什么地方呢？奥利弗医生建议，不妨一起看一部老电影。

电影开始播放，奥利弗医生关掉了声音，只留下不断晃动的画面和表情丰富的演员，然后，奥利弗医生开始与皮格博士讨论起了片中的女主角。可以肯定的是，这是一位在美国家喻户晓的女明星，但皮格博士似乎并不认识她，而且，关于剧情，皮格博士的评论与实际内容风马牛不相及，追究原因，奥利弗医生发现，原来皮格博士完全无法判断演员们的表情，他甚至分不清谁是谁，连是男是女都说不好。

没错，皮格博士无法辨认脸孔特征，在他的眼中，只有一些简单的特质，比如大鼻子、龅牙之类的，可完全无法将这些信息组合起来，奥利弗医生还发现，当皮格博士注视着他们的全家福时，他甚至无法从照片中认出自己。

奥利弗医生最后进行了一项测试，他将自己的手套递给皮格博士，让他说说这是个什么东西。

皮格博士接过手套，攥在手里，用一种非常陌生的眼神盯着手套，半晌，他说道："嗯，这是一个表面平整的东西，还有，还有几个小口袋，我也不知道能不能这么说，像是用来装东西的。一共有……对，一共有五个小口袋。"

皮格博士的描述非常到位，可是，即便是五岁的孩子，见到眼前的这个东西，也能脱口而出是手套，他们不会如此描述，是因为他们根本无需用局部的特征去拼凑，手套这个物体在他们眼前是非常直观的。可是，皮格博士却失去了这种直观的辨别能力，他迷失在了一个毫无生机的抽象世界中，没有了视觉上的自我，他也就无法将这个世界逼真地呈现出来。

奥利弗医生最后的诊断是，皮格博士的感知和认识发生了障碍，而且牵连到了整个宏观系统。

深入探秘

从临床学角度上来说，可以确定皮格博士患上了失认症，虽然奥利弗医生并不知道，这究竟是皮格博士大脑自身病变引起的，还是因为受到了外力的创伤。

所谓失认症，指的是我们所感觉到的物象，和我们头脑中有关的记忆材料无法形成联接，就像一条被冲垮的桥梁，无法连接河岸两边一样。患者辨别某物的时候，无法用常人特定的渠道去辨认，也许他能够通过其他的方式辨认，但往往曲折且可笑。就像皮格博士，他无法一眼看出眼前的事物究竟是什么东西，只能依靠一些局部的特征来拼凑。而这样的结果，就是经常容易闹笑话，完全驴唇不对马嘴。

如皮格博士的表现，只是失认症中的一种。实际上，他并非特例。在20世纪50年代美国的一份医学杂志中，也曾介绍过一个类似的病例。患者是一位三十多岁的男人，在遭遇了一次严重的车祸之后，他失去了识别面孔的能力，当他的妻儿站在他面前的时候，他无法认出对方，只能根据声音来判断究竟是谁在跟他说话。

对于其他的人也是一样，所有的面孔在他面前，都是一些毫无意义也没有任何组合规律的物体。他只能够辨别出两个人，一个是他的同事，因为这个同事的眼睛一直巴眨不停，非常明显。还有一个就是他的主治医生，因为医生的左脸颊上有一颗很大的痣。

照镜子的时候，他时常怀疑镜中人到底是不是自己，虽然他完全可以肯定那就是自己，但还是需要巴眨眼睛，吐吐舌头不断地确认。

医生把他作为特例来进行研究，并进一步发现，他连在梦中的视觉影像也随之消失了。所有需要依靠视觉去判断的东西都变成了一堆碎片，而他则像电脑一样，冷漠地、程序化地将这些碎片拼凑成或正确或错误的物体，因此医生将其戏称为“像电脑一样的人”。

但电脑毕竟只是机器，而且是由人来设计的机器。与人有着很大的不同，人是感情的动物，需要有丰富的内心世界和视觉感受。如果他们是彻底失明了，情况反而容易解决，凭着触感和听觉去不断地完善自己的生活，这是大部分后天失明的人在努力做的事情。

但失认症患者却不同，他们的视神经没有任何问题，看得清远处和近处的东西，却不知道那是什么，这种感觉无论放在谁身上都会觉得痛苦。

不过，我们的皮格博士却没有这样的感受。他甚至不觉得自己“病了”。对于无法组合起来的面孔、景色和物体，他通常都用自己乐呵呵的表情一笔带过。他毫不在意自己究竟能不能够正确地穿上自己的鞋，戴上自己的帽子，他只在意，新作的乐谱中是否有哪个音符不和谐。

在皮格博士家与他们夫妇共进晚餐的时候，奥利弗医生发现，当食物端上桌，皮格博士就开始旁若无人地一边哼歌一边吃东西，不管是使用刀叉，还是直接用手抓起水果，这些动作他都完成得非常流畅，一点也不像是认不出来这些食物的样子。但是如果这个时候，有门铃、电话铃声等干扰了他的歌唱时，他整个人就变了，目光呆滞，像是完全忘记了自己在吃东西。他傻傻地盯着餐桌，试图找到桌子上这些奇怪的东西之间的联系……

据妻子介绍，如果皮格博士能够一直哼着歌，他就不会出现那些诸如把脑袋当成帽子，把脚穿在鞋上的奇怪举动。但这也并不代表他的生活完全正常。事实上，每一天，皮格博士都离不开妻子的照顾。

早晨醒来，妻子就微笑地鼓励他开始唱歌，然后妻子走进卫生间，为他准备好洗漱用的东西，再折回来，帮他找好当天要穿的衣服，摊开铺在床上，组成一个人形。只要不打断皮格博士的歌声，他就能顺利地把这些事情完成。

在别人看来，皮格博士的失认症已经到了很严重的地步，每个人对他的太太都表示同情。但皮太太却从不觉得自己有什么不幸。每一年，皮格博士的音乐和画作都会在学校展出，这是皮格博士的成就，也是一家人的骄傲。

病理溯源

疾病和创伤之间的连续性对正常人来说，是显而易见的，而且我们很难用一种极具说服力的语言或事实去告诉大家，也许我们会从创伤中获取一些意外的惊喜。但实际上，当创伤造成了不可弥补的疾病时，也许能够巧妙地为患者建立另外的世界。

我们不妨再来说说皮格博士。除了音乐，他对绘画的喜爱和造诣也不容忽视，在他的家中，挂满了他在不同时期创作的作品。然而奥利弗医生发现，随着时间的推移，皮格博士的作品风格简直发生了天翻地覆的变化。早期的作品很写实，充满了生动活泼的韵味；到了中期，自然写实之风不见了，进而变成偏重立体、几何的构图手法；到了晚年时期，皮格博士的绘画简直可以说是一团混沌，完全不知道该怎么去欣赏。

然而，奥利弗医生换了一个角度去思考便发现，皮格博士晚期的作品，越来越像是毕加索的风格，将抽象元素纳入图画中的能力被运用得游刃有余。也许，那根本不是皮格博士刻意学习的结果，而是随着他视觉失认症的不断恶化，对于现实中具体事物的感知能力逐渐消弭，在抽象主义方面的想象力却逐渐增强。也就是说，皮格博士完全是“意外”地获得这种艺术创作能力的。

可是在这里，我们需要着重讨论的是他失去的那部分能力。当然还需要为大家介绍一下他患病的原因，那是因为他大脑的视觉区域长了一个肿瘤，为此，他的视觉也在不断退化。

根据他平时的表现我们可以看出来，对于眼前的事物，他能够做出很多认知性的假设，但却无法作出判断，或者说无法很快地作出判断，他总是要拼拼凑凑，不断假设之后，才略带迟疑地说出自己的看法。

但不管进化论的观点，亦或者是心理学中的经验主义，还是哲学理论都认为，“判断力”是人类拥有的最为重要的能力之一。人可以没有所谓的“抽象态度”，但不可以没有“判断力”。一旦失去了判断力，人将面临着死亡。然而在机械的古典神经学中，却未曾见过关于“判断力”的任何论断或研究。这门学科一直在发展，但“判断力”这个概念却一直没有被提上议程。

不可否认，大脑的工作方式的确和电脑类似，可是构成我们生命本体的“心智”却要比电脑的工作程序复杂得多，也富含感情成分，人性化十足。我们的大脑能够为我们分类、整理信息，并作出判断和感知，一旦失去了这个功能，人就会变得像电脑一样了。

皮格博士与其他罕见患者的病情恰恰提醒了我们，这一领域的确需要更多的人给予关注并投入到研究中来。在人变得像电脑一样冰冷可怕之前，是否能够找到一个科学有效的方式，去抑制这种病态的发展呢？

Chapter4 我是永远19岁的水手

如果你的人生永远停留在18岁，那么年轻，那么健康，那么美丽……这将是多么神奇和惬意的事情啊，你可以做很多年轻时候才能做的事情，并且一直做下去……

打住！回到现实来，根据细胞正常的代谢理论来说，谁都不可能青春永驻，长生不老，这是我们都知道的事情。所以永远停留在18岁这种“天方夜谭”也只能在梦里偶尔自我安慰一下了。但如果身体各项机能正常衰老，而记忆却永远停留在18岁，每天醒过来，都觉得自己活力四射，想要出门去追逐心爱的人。这种境况到底是好，还是不好呢？

我的世界你不懂

在奥利佛医生的病人中，有这么一位名叫吉米的五十多岁的退伍老兵，事实上，他是住在精神病院的时候，才与奥利佛医生认识的。

初次见面，吉米就表现出了他的开朗健谈。他微笑着，丝毫没有拘谨地和奥利佛聊着天，从他出生的小镇，聊到儿时与哥哥一起玩的游戏。他小学时就读的学校，甚至连校长曾经闹的笑话他都记忆深刻，绘声绘色地讲给奥利佛听。

吉米告诉奥利佛，原本他对于数学这门学科是非常痴迷的，可是当兵服役打断了他的学习，他决定，退伍后去努力考大学，继续攻读数学。

等等，到这里的时候，奥利佛医生突然觉得有些不对劲。吉米在讲述自己退伍后的打算时，一副憧憬的表情，像是这些事情还在计划中，根本没有发生一样。可现在的吉米已经五十多岁了呀，早退伍三十多年了，难道他会不知道退伍后发生了什么？

果然，吉米的故事停住了，他像是在思考着什么，奥利佛医生记得，吉米应该讲到了自己19岁时候的经历。三十秒后，吉米又继续微笑着开腔了，“你知道吗？我只念了三个月的速成班，就上了潜艇，找到了一份无线电报务员助理的工作……”然后，他详细地为奥利佛医生描述了工作的性质，还有他此后服役过的每一艘潜艇。当奥利佛医生问起摩斯代码的时候，他露出了会心的笑容，并给奥利佛医生讲述了摩斯代码的原理和发报的方法。

这的确是一段有趣的且充满刺激的军旅生涯。不过奥利佛医生似乎已经发现问题所在了：吉米的谈话始终围绕着他19岁之前的生活，讲过第一遍之后，又折回去讲第二遍，虽然每次的侧重点不同，但都是在讲同一时间段的事情。那么19岁之后呢？难道他19岁之后的记忆是一片空白吗？或者是他遇到了什么重大挫折，以至于完全不愿意谈起此后三十多年的人生？

奥利佛医生决定试探一下吉米，他装作漫不经心的样子问道：“哎，现在是哪一年啊？”

“1945年啊，先生。您猜怎么着，我们打了大胜仗！罗斯福死了，换杜鲁门执政，我相信美国的前途将一片光明！”吉米正在兴头上，根本没有在意奥利佛的提问。

“那你今年几岁了？”奥利佛接着问道。

这次，吉米终于有些察觉了，他的表情开始变得恍惚，似乎在计算自己究竟几岁了。犹豫片刻他回答道：“我明年就满二十了先生。您别觉得我年轻不懂事，我经历过战争，我能承受很多意想不到的压力……”

可是奥利佛明白，问题的症结并不在吉米是否能够承受压力上，而在于，他为什么会认为自己只有19岁？

奥利佛医生随后做出的举动，却让他自己后悔不已。因为他走到门背后，拿起了挂着的一面小圆镜并端到吉米面前说道："你看，吉米，看看镜中的你自己，你是不是看到一个年仅19岁的年轻人呢？"

吉米的脸霎时间变得惨白，他的额头开始冒出细密的汗珠，而且明显地口吃起来，"这，这怎么可能？究竟发生了什么？我……我到底是谁？"他开始变得语无伦次，惊慌失措。

奥利佛医生这时候才意识到，自己之前的行为太过分了。为了分散吉米的注意力，奥利佛一边宽慰着他，一边将他拉到窗前，"你看，吉米，那些孩子在打棒球，多么开心啊……"吉米的脸上终于再度露出了笑容。

第二天，奥利佛医生再度拜访了吉米，当他进入吉米房间的时候，吉米用和昨天一样热情的笑容同他打招呼："你好，医生！"然后坐在椅子上，说道："您是来这里要和我谈谈的吗？"

说这些话的时候，吉米的脸上丝毫没有二人昨天才见过面的痕迹，而且从他的话语中也能听出，他这就是在跟一个初次见面的人谈话的语气。

奥利佛医生问道："吉米先生，您难道不觉得我们见过面吗？"

吉米挠挠头，眼神充满迷茫，"没有，医生，我相信从来没有。您的大胡子让人印象深刻，如果见过面的话，我一定不会忘记的。"

"如果我们没有见过，你怎么知道我是医生呢？"奥利佛问道。

"您说话的方式就像医生。"

"没错，"奥利佛说道："我就是神经科的医生。"

这时候，吉米脸上的表情又变了，他显得很紧张，而且有点莫名的恐慌，"神经科？难道是我的神经出了什么毛病吗？"

随后，奥利佛对吉米提出了一些问题，多半都是关于头一天聊天的内容，奇怪的是，吉米对于那些话题中的、年代久远的事情记忆深刻，有条不紊，但却完全想不起来自己昨天才与奥利佛医生聊过这些，他感到很惊讶，不断追问奥利佛："医生，我记得我们从来不曾见过面啊，您是不是提前看过我的病例……"

慢慢地，吉米的思维又开始混乱起来，他不知道自己为什么会在精神科，也不知道现在到底是哪年哪月，对于医生所提出的问题，他显得越来越紧张。

到了第三天，情况依旧如故，吉米不再记得奥利佛医生的模样，他重复地讲述着自己的童年、自己少年时代的偶像和心仪的姑娘，他一直活在自己19岁之前，单纯得像个孩子。

深入探秘

在为吉米进行治疗的过程中，奥利佛医生做了很多有关智力和记忆的测验，最后发现，吉米的逻辑非常清晰，而且观察也很敏锐，那些复杂的理科问题根本难不倒他，不过有一个前提，这些问题得在短时间内完成，要是时间长了，吉米就会把它们忘记。

比如下棋，在需要耗费一些时间来思考的棋类上，吉米的成绩一塌糊涂。但在诸如西洋棋等快速类的棋牌游戏上，吉米可谓稳、快、准、狠，堪称博弈高手。

奥利佛医生可以肯定，吉米丧失了短时记忆能力，或者说，他不是没有记忆的功能，而是查找功能出现了障碍，他无法顺利地找到那些短暂进入脑海中的东西。他会忘记了随手放着的东西，即便让他刻意地去记住某些东西放在哪里，他也会在几分钟后把这件事情忘记得一干二净。有时候，他能够保留一些记忆片段，但无法将它们完整组合起来，也许他会记得和一个医生下过棋，但是哪位医生，什么时候下的棋，他就无法回想起来了。

他很清楚地记得化学元素周期表铀之前的元素，并且能够将它们一个不落地写出来，但在此之后的元素就浑然不知了。当奥利佛医生将一张在月球表面拍摄的地球照片放到他面前时，他的反应让人匪夷所思，他根本不相信，人居然可以到达月球，可那已经是1969年发生的事情了……

这一系列事件都证明了一个问题，吉米的记忆停留在某一年之前。从那之后，他的记忆是混乱的，短时记忆差劲到令人咋舌的地步。他就这样停留在一个混混沌沌的记忆区间中，剩下的那些岁月，他要么不记得，要么干脆是一片空白。

到底是什么让吉米变成了这样？

在吉米关于少年的描述中，不断提到他的哥哥，很显然，兄弟俩那个时候的感情很好，奥利佛医生决定把吉米的哥哥请来，也许能触动吉米，有助于记忆的恢复。

说实在话，这兄弟俩已经很多年没有见过面了，奥利佛还是给吉米的哥哥写了一封信，在信中描述了吉米的状况，并告诉对方，希望能够到这里见一面。

几天后，奥利佛收到了回信，吉米哥哥在信中的语气非常淡漠，而且向奥利佛描述了一件事情，那大概是在二十年前，他收到来自德州的信件，通知他去看望吉米，说吉米突然性情大变，精神错乱。当他见到吉米的时候，吉米已经不认识他了，而且大笑着对周围的人说：“你们开什么玩笑，这位先生老得都可以做我爸爸了，怎么会是我哥哥呢？我哥哥不过二十出头，现在还在会计学校上学呢！”

“这些年来，我一直没有收到任何医疗机构给我的信件”，吉米哥哥这样写道：“这说明吉米还活着，但状况并没有什么改变。我想，他依然觉得我是二十岁还在念会计学校的小伙子，我的到来，恐怕于事无补……”

其他的，吉米哥哥也无法给出更多的值得参考的东西，事实上，从1943年这兄弟俩分开之后，就基本没有见过面。

无奈，奥利佛只能翻找吉米的资料，从有记录的时候开始查起。

经过一番努力，思路渐渐清晰起来了，吉米于1943年参军，1965年退役，在服役期间，他的表现非常出色，正像他自己所说的那样，在潜艇上的工作，令他成了受人尊敬的人，他也为此颇感骄傲。

不过从性格上来说，吉米属于乐天派，也很懂得“及时行乐”，因此在服役期间，一旦有空，他也喜欢出去喝喝小酒，认识一下漂亮姑娘。

问题出现于1965年之后，吉米退役了，离开了有着严格管理制度的军旅生涯，离开了他引以为荣的职业，他变得无所适从，只能依靠酒精的麻痹来宽慰自己。每天大量的酒精蚕食着吉米的身体，而他对酒精也形成了越来越严重的依赖。到了上世纪60年代末，吉米的身体出现了问题，可是他并不重视，依然依靠酒精度日。

在贝尔维医院，奥利佛找到了吉米的就诊记录，上面记载到：“酒精的过度刺激引发了严重的脑组织综合征状，他完全没有了辨别能力……”而且那个时候，吉米已经得了肝硬化。后来，他被送到了一个叫做“护士之家”的地方，在那个环境恶劣，饮食非常不健康的地方待了四年，这期间，他的病情没有得到任何有效的治疗，越来越严重了。到1975年，吉米离开护士之家的时候，已经完全记忆错乱。

此后，他被送到了其他的医院，虽然戒掉了酒精，并且辅以药物治疗，但为时已晚。他的身体很糟糕，脑子已经被酒精烧坏了。有时候会发作，说胡话，而且一直觉得自己只有19岁。

看完这些资料之后，奥利佛感到更加困惑，为什么吉米不记得1945年之后发生的事情了呢？明明他是从1970年前后才开始失忆的，那中间这25年的记忆到底去了哪里？这期间是不是发生过什么严重刺激他的事情，以至于他的潜意识里面都在逃避想起？

奥利佛给吉米安排了催眠师，希望能够诱导出一些可能被压抑的记忆。然而催眠却失败了，原因不是因为吉米在抗拒，而是他的失忆症太严重了，以至于会忘记了催眠师前几秒说了什么，一直无法进入状态。

曾经给吉米诊治过的医生一口断定，吉米所患上的是科萨科夫综合症，而非歇斯底里失忆症。他这样描述道："我认为没有任何证据能够证明吉米患上了歇斯底里症或者他在假装有缺陷。他没有假装的动机，也没有假装的本事。他的失忆完全是生理上的，无法修复。"可是他依然没有解释为什么吉米会对19岁之前的记忆如此清楚。

病理溯源

在这里，我们首先介绍一下前面提过的有关病症。所谓科萨科夫综合症，指的是慢性酒精中毒的特有症状之一。

这类患者都有一个共性，那就是长期酗酒。他们的发病缓慢，而且一开始并没有什么行为异常，因此很难被及时发现。不过慢慢地，患者就会表现出记忆错乱、遗忘等症状。他们不记得近期发生的事情；或者记得事件，但想不起发生的时间。为了弥补这种错乱，他们通常会虚假描述，把一些没有发生过或不存在的事情编造出来，填补某些记忆的空白。尽管这样，但患者多半不会存在意识障碍或者广泛的认知功能损害等情况。

在这类患者当中，逆行性失忆症并不难见到，虽然这种情况在所有失忆症患者中均属罕见。而前文中吉米所患上的，则是经典的科萨科夫综合症，他的失忆纯粹是因为酒精破坏而引发的，因此也无法修复。

或许到了这里，我们应该提醒所有阅读到本书的人，酗酒并不是一个逃避现状的好办法，麻烦依然会存在，而酗酒只会让你的身体受到损害，于事无补。等到像吉米这样患上难以治愈的病症时，所有的努力都有些晚了。

站在临床学的角度上来看，科萨科夫综合症的表现症状是多种多样的，当然都与失忆有关。在国外的一份医学资料上曾记载了这样一个病例。患者是一位智商很高的男士，然而他突然失忆，在持续的八个小时中，他认不出自己的妻子和孩子，也不知道自己身在何方，为什么在这里。但已有的技能（比如开车），他却没有忘记。确切地说，他是丢失了过往三十年的记忆。

八个多小时后，他的记忆恢复了，只是很迷惘在此之前的那几个小时他到底干了什么。从某种意义上来说，他这种突发的重度科萨科夫综合症吓到的不是他自己，而是他身边的人。试想如果他丢了过往的丰富经历，丢了那些美好的记忆，在他面对一片混沌的时候，他的家人该如何面对他？而他对于这些情感方面的问题恰恰是毫无意识的。

这便引发了一个问题，每一个罹患科萨科夫综合症的患者，他们究竟能不能感受到自身的顺行或逆行性失忆对自己情感上造成的伤害？比如前面所说的吉米，当他思绪一直沉浸在19岁之前的回忆时，无疑他是正常的，说不上有多么幸福快乐，但这属于正常的回忆，可对于往后“丢失”了三十多年，他又是否会为此痛不欲生？

一个名叫史蒂夫的科萨科夫综合症患者的“遭遇”为我们解答了上述问题。

史蒂夫除了失忆之外，还伴有癫痫和抽搐，可以说病情非常严重，一直在住院治疗。当他的身体状况比较稳定的时候，医生建议他的妻子把他接回家中，希望在熟悉的场景和熟悉的人身边，能够帮史蒂夫找回丢失的记忆。

离开医院之前，史蒂夫什么都不记得，谁都不认识，他的记忆散碎

凌乱，无法表达。可是当他走进家门的时候，一切都想起来了，他知道自己回到了家。这本来是一个非常好的现象，但马上他的妻子就发觉不对劲了，因为史蒂夫一直在纠结对面的电影院为何“消失”了，可那已经是十多年前就发生的事情。

随后的每一天，他的妻子都觉得很苦恼，史蒂夫对屋子里的每一个细微的变化都感到不解和困惑，然而这些变化几乎都发生在十年前。比如卧室里的窗帘，客厅里的电视机，这些在近十年中陆陆续续更换的家具对史蒂夫来说是那么的陌生，他每天都会问妻子一些同样的问题，比如“你怎么回事儿，为什么把窗帘换成灰色的？”

当然，他也对朋友和邻居的相貌变化感到难过：“他们怎么突然间变得这么老了？”

最让他的妻子感到痛苦的是，每当他们一起走出家门，史蒂夫会很快变得暴躁，他责怪妻子把他带到了一个陌生的地方，满眼的陌生人，他感到害怕无助，想要找地方躲起来。幸好在几分钟之后，他会自动忘记这件事情，然后不定时地开始新一轮的“发作”。

如此的焦虑恐慌，不管对患者自己，还是对他的亲人来说，都是一种不小的“折磨”。因为他根本不会记得自己已经患病了，而且是患上了失忆症。如果你告诉他，他丢失了对过去几年的记忆，他就会变得沉默，或者歇斯底里。然而几分钟后，他又会忘了这种感受。

到目前为止，医生们只能断定科萨科夫综合症患者受到创伤的是大脑哪一部分的区域，以及这个区域掌管一些什么功能。但没有谁能够详细地解释，为什么每个患者失忆的方式和程度都不尽相同。

庆幸的是，在吉米身上，奥利佛医生找到了更好的“拯救”他的办法，因为奥利佛发现，当吉米专心地沉浸在园艺中时，他的短时记忆能够维持相对较长的一段时间，而且这个时候的吉米很专注，眼中充满了幸福。

于是，奥利佛将吉米介绍到了一个很大的园子里工作，负责打理这里的花花草草。“19岁”的吉米从来到这里之后，从来没有忘记过花园里的路，他甚至能够记得头一天自己修剪过哪些花草，第二天该从哪里接着开始。虽然他还是不记得自己之前见过的人，但他能在有生之年，发挥余热，且战胜病魔，这对吉米来说，也算是一个好的结果。

Chapter5　阿兹海默症

1986年，美国政坛上出现了一个令人啼笑皆非的情景，当时的美国总统罗纳德·里根在回答政敌问题的时候，常常以一些诸如“我不知道”“我忘记了”之类的蹩脚至极的托词来应对。一段时间之后，大家才慢慢发现，这也许不是里根总统的托词，而是真心话，因为在几年之后，他宣布自己患上了阿兹海默症，永远告别了政坛。

疾病这种东西虽然说起来很可怕，但却是人这一生都无可避免的，在不同的时间段会因为不同的疾病而影响到自己。但阿兹海默症却是一种比较“虐心”的疾病，因为它很少突发而快速达到高潮。

刚开始的时候，阿兹海默症会出现一些容易被人忽略的征兆，比如忘记昨天说的话，或者忘记前天到过的地方……当患者确定地知道自己已经患上这种疾病之后，痛苦就到来了。不是因为这种疾病会对身体带来多么大的疼痛，而是因为它的慢性和显而易见，患者能够感受到自己渐渐变得健忘，渐渐变得生活不能自理……

我的世界你不懂

利兹医生是加利福尼亚州知名的外科医生。和她美丽的外表不同，长期地与病患和最真实的躯体相处，让她的性格冷冷的，不苟言笑。但她的专业技能却让人不得不佩服。

不光技术上让人佩服，利兹医生独自养育一双儿女几十年，并教育他们学有所成，这不是每个女人都能够做到的。这样的利兹医生无异于成功的“女强人”的代表。

而今，利兹医生已经年近花甲，她的儿子成为了一名飞行员，而女儿也即将从医学院毕业，接过她的衣钵，继续治病救人。朋友们纷纷猜测，像利兹医生这样满脑子只有工作的人，如果让她离开了岗位，约等于让她自杀。

可是，利兹医生的助手却突然宣布，利兹医生请了一年的长假，周游世界去了。这整件事情与她一贯的作风简直格格不入。人们猜测着，一面为这严格的女上司未上班而感到庆幸，一面又因为专家的“缺失”而倍感慌乱。

小半年后，利兹医生环游世界的事情才慢慢淡出了人们的视野，不过也只有她女儿最清楚，利兹医生不是去旅行了，而是住进了一家环境优雅，收费也颇高的疗养院。

其实从一年前一切就开始不对劲了。一向雷厉风行的利兹医生办事开始变得迟钝起来，因为她总是忘记事情，随手放下的病历本转身就找不到了，刚刚安排完各个实习生的工作，可几分钟之后居然就开始混淆，叫着这个人的名字，却说着那个人的工作。最严重的还在于，她居然忘记了手术，或者直接走错手术室……这些事情在她的前半生是从来没有发生过的，她自己也觉得有些不对劲了，悄悄地去别的医院进行了检查。

果然，毫无征兆地，利兹医生患上了阿兹海默症，也就是我们俗称的老年痴呆症。目前的状况只是轻微的，但很快，利兹医生就会忘记周围的人，也忘记自己是谁，她会变得痴痴呆呆，生活不能自理，大小便失禁……

事实上，利兹医生每况愈下。她时而清醒，时而迷糊。不认识医生和护士，有时候也不认识自己的女儿。唯一记忆清晰的是她多年前的情人，也是她曾经就职的医院的院长。

每当院长来看望她，她就显得非常兴奋，旁若无人地拉着情人的手，诉说着思念之情。也正是因为她的这个病，女儿无意中才知道了母亲多年前坚持要与父亲离婚的真正原因。

没有人能够帮助利兹医生，她的记忆错乱得可怜，有时候她觉得自己依然在工作状态，对每个走进病房的人都带有命令口气，她喊着曾经助手的名字，吩咐着无数的事情，而关于那些她专业上的术语，她似乎从来没有忘记过，说得准确无误。

有时候她回到了自己年轻的时候，她和情人密谋着要离婚，两人远走高飞，到新的地方重新开拓事业。

她就这样混乱地度过着每一天，女儿虽然对母亲曾经的行为表示愤恨，但面对眼前这位风烛残年，意识不清的老妇人，她除了难过，却也无法再说什么。

深入探秘

阿兹海默症是一种最为常见的痴呆症，多见于65岁以上的老年人中。年轻人虽然也会患这个病，但几率非常低。阿洛伊斯·阿兹海默在20世纪初第一个诊断出患有此病的就是一个中年女性。鉴于阿洛伊斯·阿兹海默首先发现并定义了这一病症，因此这一病症也以他的名字命名为阿兹海默症。

通常情况下，我们以拥有一个“健康的心灵和健康的体魄”作为对幸福生活的传统描述。可是如果不幸遭遇了阿兹海默症，那可能就与所谓的“幸福”越离越远了。伴随着心理功能的缓慢退化，最终到达无可挽回的境地。而最为可悲的是阿兹海默症患者知道自己的状况，他们会觉得每一天都有可能是他们最后的一段美好的时光。

下面为大家引用的是一位阿兹海默症患者的自述，从这些文字中我们可以看出，一个人眼睁睁看着自己慢慢退化是多么可怕的一件事情。

“我很孤独，虽然一直在与病魔斗争，但我真的很孤独。我不断听到屋子里有水流动的声音，但我确定，水龙头并没有坏。”

“很多意识涌过来，乱七八糟，无从分辨，我想将它们记下来，但发现写作已经变成了一件困难的事情。我提起笔，字落在纸上却不见了踪影。打字也不行，因为我想不起来拼写规则。”

“我不愿意向病魔屈服，可是我无能为力。早晨醒来的时候，发现我的脸颊是湿的，我一定哭过，但为什么想不起来了？我拿起放在床边的日记本，可是跃动于眼前的字我居然不认识它们。是的，我无法阅读自己写下来的东西。这已经没什么好奇怪的了，因为已经发生了很多次，越来越无法挽回。”

“我花了很多时间去研究字母表中每一个字母的含义，直到理解整个单词的意思。可是我的进步很慢，甚至可以说完全是在退步。我能感觉到剩下的时间越来越少，我记得在两个月前，我在书写和阅读方面还没有这么困难……同时我的语言能力也在慢慢退化，看着自己写的这些语无伦次的东西，我觉得很难过也很惊恐。”

“这应该是最后的一段美好的时光了。”

从这些记述当中我们可以看出来，阿兹海默症能够慢慢地破坏人的思维，使人在单调的、乏味的且沉默寡言的时光中慢慢地死去。从记忆受损开始，然后彻底混乱，患者就处在了一个没名没姓，没有确定性的世界里。这只是一种普通的疾病，但却能够将人带入死亡。

这不禁让我想起了那部催人泪下的电影《我脑海中的橡皮擦》，影片中的女主人公便是因为遗传原因，年纪轻轻便患上了阿兹海默症。整部影片围绕着她从发病初期一直到最后完全丧失记忆和自理能力来讲述，其中有一个细节很值得注意，当她被送到位于海边的疗养院时，每天都是靠画自己心爱的丈夫的样子来度日。从那些画作中可以看出，一开始丈夫的形象非常明朗，让人一眼就能认出是谁，但慢慢地，整个人的造型都开始模糊，最后变成了一些杂乱的线条。这也是一个人脑神经衰败的过程。

病理溯源

从临床学的角度来看，阿兹海默症被定义为一种慢性疾病，并具有以下的特征。

第一，阿兹海默症伴随有严重的记忆丧失。

第二，阿兹海默症同时伴随有严重的言语失调。

第三，阿兹海默症患者通常运动机能完好，但是运动能力受到了损害。

第四，阿兹海默症患者的感觉机能完好，可是无法指认或者识别客体。

第五，阿兹海默症患者的组织、计划、抽象功能等都反映为失调。

通常，当上述缺陷已经严重影响到个体的各项机能，且水平较之前明显降低，才能诊断个体患有阿兹海默症。

当患上了阿兹海默症，自然就要面对失去记忆的悲剧，首先是近期记忆丧失，然后慢慢地忘了那些很久远的记忆。

一开始，患者尚且能够觉察到身边发生的事情，也能够意识到自己的缺陷，但慢慢地，这种感觉就会变得薄弱，直到最后消失。

研究显示，阿兹海默症在直系亲属中的遗传率高达50%，这真是一个让人感到愕然的数字。

从神经学的角度来看，阿兹海默症属于大脑系统过早退化导致的结果。一开始，大脑内嗅皮质处产生病变，然后慢慢地转到海马区，并逐渐扩散到其他区域，尤其是大脑皮层。这种侵蚀虽然缓慢，但每一步都非常“见效”，海马神经元开始退化，记忆就出现了问题，自理能力也跟着下降，然后病变扩散到言语区。

让人遗憾的是，到目前为止，医学上依然没有一个完美的治愈阿兹海默症的办法，一些有效的治疗也只不过能帮助病人缓解病情，尽量让他离生活不能自理的程度远一些。不过，关注于此的每一个人依然在努力着，希望在不久后的将来，阿兹海默症能够寻求到一条解决之道。

Chapter6　曼邱森综合症

曼邱森综合症得名于18世纪一个名叫曼邱森的男爵。他同时也是一名德国军官，为了逗朋友们开心，他常常会给朋友们讲述一些关于他自己的惊心动魄但又荒谬绝伦的历险记，但事实证明，这些都是他胡编乱造出来的。

在习语中，曼邱森主义指的是那些习惯讲很夸张的故事的人。而曼邱森综合症则是一个临床术语，它指的是患者向医生编造或夸大自己的患病程度，满嘴谎言。曼邱森综合症患者周旋在一个个医院间，通过谎言使自己接受不必要的、痛苦的甚至是有风险的治疗，但他们却乐此不疲。

我的世界你不懂

有一个女人摇摇晃晃地走进了纽约市中心的一家医院，她用左手捂着胃，脸上的表情非常痛苦，而从她的口中不断流出鲜血。人们都猜测着她究竟发生了什么可怕的事情。

她向负责治疗她的医生讲述了自己的遭遇。她说，有一个男人引诱了她，然后把她绑了起来，一面打她，一面威胁她交出所有值钱的东西，不然就要了她的命。她现在觉得胃疼、左下身疼，而且头痛难忍。

护士连忙为她安排了各项检查，可是没有查出任何生理问题，她所描述的疼痛点也没有外伤或内伤。可是她为什么会流血呢？医生百思不得其解。

由于没有结论，而这个女人的出血还在继续，只能安排她住院。几天后，护士终于在无意中揭开了谜底。

原来，护士在整理这个女人床铺的时候，发现了一个针头、一个注射器以及一些抗凝药肝素。这就是答案！之所以查不出这个女人究竟有什么问题，那是因为她的身体根本没有问题，所有那些受到的伤害和身体的痛苦似乎都是她杜撰出来的，而她之所以不停地流血，正是因为她悄悄给自己注射了抗凝药的缘故，为此，她在急诊的重症监护室中躺了好几天，而看她的模样，似乎打算一直这么躺下去。

当医生勒令她停药，并且准备尽快安排她出院的时候，这个女人变得有些歇斯底里，她极力否认所有的指证，她说那些东西根本不是她的，而是有人要嫁祸于她。如果在这里没有人相信她，她就要寻遍所有的地方，找出能够治好她的医生。

后来，这个女人还是走掉了，不过治疗过她的医生听说，几天后，她又分别去了另外两家医院，用同样的办法住了进去，但又很快因被查出“作弊”而被迫离开。

想象，并且强迫自己有病？就算没病还得自己折腾出病来，以便印证自己的想象？读者们可能会说，这根本就是精神有问题嘛。没错，这个女人表现出这样的症状，的确是精神上出了一些问题。但她绝对不是特例。

朱莉是一个13岁的女孩。一个非常正常的女孩。请注意我的强调，她是个“正常”的孩子。可是朱莉的妈妈却不断地带着她拜访医院的心血管科，她坚持认为，朱莉生下来就有先天性的心脏病。

自小，她就接受了大量的X线检查以及其他一些有损身体健康的操作，起因都是妈妈带着她来到医院，然后向医生们描述了朱莉各种“心脏病发作”的症状。医生们不得不对朱莉进行了一些常规检查和病理性的筛查，但结果都显示，这个孩子身体的各项指标都正常。

可她的妈妈不依不饶。在朱莉13岁的时候，被迫进行了一次侵入性的医疗操作——心脏导管手术，而这个手术是在她妈妈强烈要求医生“弄清楚真相”的前提下被迫进行的。当结果出来，医生告诉朱莉的妈妈“检查结果有常规的局限性”时，她便要求医生为朱莉进行更加有侵害性的检查，这一行为遭到了医生的拒绝。

没想到，朱莉的妈妈开始在医院大吵大闹，“这就是你们医生能做的事情吗？你只是把这个烫手的山芋扔给我吗？你们连一个13的孩子患了什么病都查不出来，还配在这里工作吗？”

当妈妈歇斯底里地说着这些伤人的话的时候，朱莉躲在她的身后，眼神充满了悲哀和恐惧，我想，她一定也知道，自己其实没什么毛病，可她不知道为什么妈妈会那么固执，不惜伤害女儿，不惜花费重金，非得带着她到处去检查，直到证明她就是个“病得快要死了的孩子”为止。

“我跟你们说过多少遍，我女儿她病了，她还只是个孩子，但她病了，病得很严重，你们都不愿意救救她吗？好吧，你们会后悔的，当你们看到这个孩子死在你们面前的时候，你们一定会后悔的！”

妈妈的声音在医院的大厅中显得非常刺耳，很多时候朱莉都怀疑，这是不是自己的亲生母亲，难道，母亲非要将自己置于死地才高兴吗？

深入探秘

她们到底怎么了？相信很多读者都会提出这样的疑问。谎称自己被侵害了的女人，难道她喜欢的是躺在医院里那弥漫着消毒水气味的惨白的床单上的感觉吗？或者她只是一个无家可归又有一点点医学常识的可怜人，知道如何让自己“看上去病得很严重”，从而赖在医院不肯走？

那么朱莉的妈妈又是怎么回事？她难道是传说中的“后妈”？她对朱莉能有多大的仇恨，以至于逼着孩子去做这样那样对身体有很大伤害的检查？或者说，她这样的无理取闹究竟想要得到什么结果？是不是非得证明孩子病得不行了，她才能松一口气？

因为有了这许多的疑问，医学与心理学的研究才能继续下去。

实际上，以上两个案例，都属于临床学上所说的曼邱森综合症。而后者则更为严重，属于虐待儿童的事件了，被称为监护人的曼邱森综合症。

在讨论曼邱森综合症之前，我们应该先来认识一下临床学上的“躯体形式障碍”。这些患者临床表现为躯体障碍，但却不能证明他们已经发生了器质性的病变。患者常常抱怨诸如呼吸困难，吞咽困难，走不动路等等。可是专家研究显示，这些“怨言”，心理因素占一大部分，他们多是植物神经和交感神经过度兴奋引起的，用一个我们常见的词语来描述就是“焦虑”。

患者因为过度焦虑，因而幻想自己身体出了毛病，这其实在我们正常人身上也会有所体现，就像我们犯了错误，就总得去找一个理由或者“替罪羊”一样。而这些患者的“替罪羊”就是病痛，只有证明自己的确生病了，才能够解释自己为何这么焦虑不安。

需要注意的是，躯体形式障碍与“诈病”并不是一回事。正常人有时候会通过伪装生病来逃避一些事情，对于整个过程，当事人是非常清楚的，他既明白自己装病的理由，也完全清醒地知道自己其实根本没有病。

但躯体形式障碍则不然，患者的意识中，并不包括“清楚地知道自己其实没有生病”这一项，这也就是为什么他们能够忍受那些痛苦的检查和治疗的原因了。

其实，从严格意义上来说，躯体形式障碍和曼邱森综合症是有区别的，后者看上去，更像是“诈病”。但没有任何研究数据表明，患有曼邱森综合症的人是在清醒地伪装生病，因此在这里，我们可以将二者合并起来讨论。

很显然，监护人的曼邱森综合症谈论起来更令人发指，庆幸的是，朱莉在妈妈可怕的“强迫生病”中安全地活了下来，但有一些孩子却没有那么幸运了。

在一个普通的案例中，一位母亲被怀疑不断地让自己三岁的儿子染上痢疾。可悲的是，在医生们真正发现并介入之前，这个孩子就已经死了。在另一个案例中，一位养母被怀疑不断给三个养子服用含有高钾钠的药物，这类药物会引起心脏病发作或窒息，最后，三个孩子均“无故”死亡。

美国一本著名的医学刊物上曾登载了一篇关于监护人曼邱森综合症的调查研究文章，其中登载了四百多例监护人的曼邱森综合症，典型的受害者是四岁以下的儿童，其中有6%的受害者死亡了，而四例中有三位凶手均为受害者的母亲。

这一调查显然颠覆了母亲在大家心目中最为崇高美好的形象。不过，还望读者不要紧张，据心理测评显示，这些“凶手”母亲并非单纯的杀人者，也就是说，她们并不是因为想要谋害孩子而故意这么做的，只是因为她们本身的心理就不正常，她们认为，自己是在拯救孩子，而非迫害。

病理溯源

躯体形式障碍并不是单一表现，它根据不同患者的反应而分为很多类型，其中最常见的要数转换性障碍和疑病症。

“转换性障碍”这一名词可能会让读者觉得陌生，不过要说起“癔症”，相信大部分人都听说过。没错，二者在一定范围内，指的是同一个东西。

癔症又被叫做歇斯底里，这是最为古老的医学名词了。同时，它也是引起最多人关注，也最让人捉摸不透的一种病症。公元前1900多年前，著名的医学家希波克拉底就开始研究这种病症，但那个时候，他认

为只有女性才会患歇斯底里，因为女人拥有子宫，从性本能的角度来说，她们渴望婴儿，因此子宫便在身体的各部位游走，如果停在喉咙，便会给人带来窒息感，如果停在脾脏，则会让人脾气暴躁。因此，希波克拉底又将此病症称为“子宫脱位症”。

到了中世纪，用科学和心理学辅助病症的研究事宜中断了，人们回到了“神”的怀抱，这一时期，癔症患者多被认为是被鬼神附体，他们得不到合理有效的治疗，多半死于怪异的驱鬼术中。

19世纪前后，癔症患者迎来了新生，研究者认为，无论男女，都可能因为某些突然的或长期潜藏的因素而患上癔症，尤其是那些易受暗示的，容易被催眠的人更容易患癔症。

比如一个战士的手可能会在激烈的战斗中突然“残废”了。但事后检查却毫无生理病征，这只是因为与战士心理因素有关的冲突出现了，随之唤起了他的转换性障碍。

而疑病症从字面意思理解起来相对容易一些，即患者怀疑自己生病了。其核心特征是，患者对其自身躯体的症状将会导致潜在的严重疾病有着过分的担心和害怕。这种担心会持续存在，除非患者不断地从严苛的医学数据中证明它毫无根据。

但这些患者并非刻意营造紧张氛围，而是因为太过关注自己的身体状况而显得有些刻意了。比如一个患者感受到他的心律不齐，并伴有微弱的疼痛，于是他开始焦虑，把所有注意力都集中在这疼痛之上，然后，他大汗淋漓地晕倒了。

由此，开始了一场恶性循环，当医生告诉他，他其实没有什么大病，只是因为过度紧张才晕倒，他就会觉得很不满，一种“明明我生病了，你非但不给我进行相应的治疗，还骗我说我没病”的怀疑开始深入脑海，于是，他们辗转行动于医院之间，不断描述自己的痛苦，希望在情况没有完全恶化之前，遇到一位医术高明且富有同情心的医生能够收留他。在这个过程中，他还会从不同渠道获得一些治疗方法，然后对自己进行药物治疗。

无论是转换性障碍、疑病症或者是其他一些表现类型，我想我们都不能单纯地觉得这些患者“无理取闹”，在这样近似“胡闹”的行为背后，他们有着不一样但都难以治愈的心理创伤。从心理动力学理论上来分析，所有人的身体中都会迸发一种来自本我的，不可接受的，或危险的，或者是不可用常理解释的冲动，而病症的爆发恰好可以用其他方式来掩饰或压抑这些冲动。

比如那些辗转于医院的疑病症患者，他们正是通过这种不断的“折腾”来缓解内心对于疾病的焦虑，而这种看似极端清醒的行为，于他们而言，是无意识的。

Chapter7 大脑里的骗子们

有句话相信每个人都听过，“人最难了解的就是自己”。我想，追本溯源，人无法了解自己的真正原因就在于我们的大脑中的确藏着一些可恶的“小骗子”，他们会时不时地跳出来，左右我们的行为，让我们做出一些实际上并不理智的行为，重要的是，在做决定的时候，我们往往意识不到这种“不理智”，或者“可笑”。

如果你不相信，不妨一起来看看，当我们揪出了大脑中的“骗子”时，你也许会发现，很多自己做的事情，都如此的令人啼笑皆非。

我的世界你不懂

现在，让我们先一起进入一场虚幻的购物之旅。

你去逛街，看上了一双质量很好而且花色也非常喜欢的袜子，你很急迫地想买下它，于是你向导购询价。导购压低声音告诉你，这双袜子现在需要30块钱。不过如果你能等到后天来买的话将会非常划算，因为它已经进入到了打折清单中，到时候只需要10元就能买下这双袜子。

这个时候，你会选择当场买下，还是等到后天再来买呢?

你去逛街，看上了一件很漂亮的外衣，你觉得马上要换季了，正需要这样一件衣服时，你便询问导购。导购告诉你，这件衣服是新款，价格是660元。不过到了后天，商场会搞活动，赠送20元的抵扣券，如果拿着抵扣券来买的话，这件衣服可以640元入手。

这个时候，你会选择当场买下外衣，还是过两天再来买?

稍微计算一下我们就会发现，无论是袜子还是外衣，只要等到两天后去买的话，就都能节省下20块钱。从这个角度上看，人们对于两件商品，应该会采取同样的处理行为：要是不在乎那20块钱的话，会当场买下；如果想节省一点的话，会等到两天后再去买。

然而事实却并非如此。

试验者通过不记名方式随机采访了很多人后得出了一些数据：有超过70%的人会选择当场买下外衣，但推迟两天去买袜子。

如果从数学角度上说，这并不是什么复杂的问题，可为什么大部分人都会做出与理智不相符的选择呢？

原来，人们判断是否要延期购买打折商品时的判断依据并不是该商品究竟能省下多少钱，而是省下的钱在该商品总价中所占的比例。如果等两天再去买打折的袜子，那所省下的钱是原价的三分之二；如果过两天再去买外套，那省下的钱仅为原价的三十三分之一。前后一对比便可以推断出，在大部分人心中，袜子的折扣价才是值得等待的。

其实这并不是价钱本身的问题，而是脑海中的“骗子”在作祟，它以潜意识的方式操纵我们去作出看似更加“划算”的选择。

难道，潜意识真的能够轻易地左右我们的行为方式吗？

美国的心理学研究者詹姆士就曾经做过一个非常著名的“可乐和爆米花的实验”，在实验前他宣称，自己能够通过给他人灌输潜意识而提高电影院里可乐与爆米花的销量。

他自己设计制造了一台高速投影仪，让“喝可乐”与“吃爆米花”这样两条信息在电影播放的过程中快速地在屏幕上闪过。鉴于消息每次停留的时间仅为三千分之一秒，因此观众很难发现它们的存在。

然而一个月过去后，该影院的可乐与爆米花销售额分别提高了18%和58%。这真是一个令人惊讶的数字。难道就那么两行可能我们根本没注意到的字，就会让我们喝下更多的可乐，吃下更多的爆米花吗？

詹姆士的这个实验在美国范围内引起了广泛的关注，尤其是那些绞尽脑汁想要获得大选的政客以及急于赚钱的投资商人。如果这种潜意识真的能够微妙地去影响人的选择，那是不是人们也会有可能花更多的钱去买也许根本不需要的东西，或者给某个自己原本不喜欢的政客投票呢？

同是研究行为心理的德弗勒决定进行一个受众度很广的实验：在全国性的电视节目中插入隐藏的广告信息，看看这样能不能影响观众的行为。他们选择了一个在晚上八点到十点收视率很好的电视台，准备进行两项实验。

该电视台之所以在这个时间段收视率高，是因为它每天都会播放一部好看的电影，而这个时候的美国大众也刚刚好有时间坐下来看个电影放松一下。在电影播放完之后，会是该台一个名叫弗兰克的人主持的新闻节目。

第一项实验，旨在研究潜意识信息会不会让更多的观众去选择不调台，继续关注弗兰克的新闻节目。德弗勒和电视台进行了很长时间的沟通，终于获得允许，在电影播放的过程中加入潜意识信息：“观看弗兰克”。

第二项实验，旨在研究潜意识信息能不能左右人的购买行为。正好这个时候，德弗勒接触到了一家卖鸡肉的厂商。于是他决定就利用这家厂商的名号，在电视插播广告时，播放潜意识信息“购买鸡肉”。

整整一个月，观众们都在“忍受”潜藏信息的轰炸，怂恿他们去购买鸡肉以及收看弗兰克的新闻节目。

一个月后，德弗勒统计了自己的实验结果。

在没有进行这个实验时，弗兰克这档节目的平均收视率为4.5%，可是这个月，该节目的平均收视率却下降到了3%。

而那家鸡肉的销售额也并未出现明显的上扬。可以断定，潜意识的刺激并没有成功地帮助该厂商销售出更多的鸡肉。

这个结果，与前面所说的“可乐与爆米花”的实验结果相去甚远。到底是哪里出现了问题？还是说所谓的“潜意识能够影响人的行为”的论断只在特殊情况下会发生，没有什么社会共性？

有些沮丧的德弗勒细细地回溯了整个实验的过程，但始终没发现什么问题。直到几年后，进行“可乐和爆米花实验”的詹姆士在接受一份杂志专访时才坦言，其实当年自己对于潜意识会否影响行为的研究并不透彻，但该项研究却过早地被媒体知道了。实际上到后面，他几乎停止了对该课题的研究，但其社会扩张度却丝毫没有收敛的趋势。

这种感觉就像是大众似乎都知道了，潜意识能够影响他们的行为，但每个人都不想轻易受到影响，因此在内心会产生某种程度的抗拒。等到德弗勒进行电视实验的时候，“早有准备”的观众立刻发现了潜意识信息的存在，鉴于人的逆反心理，他们可能会刻意改变收看接下来的新闻节目的习惯。

虽然詹姆士一直羞于承认自己的“不敬业”和“半途而废”，但实际上，他对于该项研究依然作出了巨大的贡献，他把“潜意识”这个受众度并不广的词以一种神秘的方式推到了公众面前。他的研究结果，到了今天依然有人在沿用。

深入探秘

潜意识信息能够左右我们的行为，这个论断究竟是个性还是具有共性呢？虽然当年的詹姆士并没有认真地将研究进行到底，但他所提出的论断还是吸引了更多的人去朝着这个方向努力。事实证明，这种影响是存在的，而且一些很简单的潜意识信息就能够在短时间内影响到人的行为，且当事人并不自觉。

有一项实验是这样进行的。主试找来了一些人，将他们分成两组，任务是将几个打乱了的字词重新组合。第一组被试拿到的字词是一些与老年人有关的，比如能够组合成“这个老人的皮肤很皱”等；而第二组被试拿到的字词则没有与老人有关的，他们可能会组合出诸如“这个年轻人皮肤很光滑”等的句子。

被试做完词句组合之后，交给工作人员，然后领了一份礼品离开。实际上这个时候真正的实验才刚刚开始，因为走廊上早就安排好了工作人员，拿着秒表在那里等待，他们将会记录下每一位被试从房间出来走到走廊尽头所耗费的时间。

结果非常有意思，第一组的被试从房间走到走廊尽头花费的时间平均要比第二组的人多，但两组被试均是随机挑选的，并没有什么明显的年龄差异和身体状况的差异。

主试因此断定，仅仅是因为一个“老人”的词语暗示了第一组的被试，就让他们提前进入到了“老人的状态”，步伐变慢，步履蹒跚。

同类的有趣实验还很多。

一名研究者为了了解潜意识是否会左右人对他人的第一印象，他专门设计了一个实验。他从大学里找来了两组被试，且提前并不告诉他们实验的真正目的。他将所有被试分成两组，然后给两组成员讲述了相同的故事。

在讲述的过程中，他很随意地展示了一张男性的半身照。但故事中并没有涉及到此人的种种，只是轻描淡写地提了其职业。第一组得到的信息是，该照片上的男子是一个抢劫犯；第二组得到的信息是，这个男人是一个研究飞机构件的专家。

故事讲完之后，主试要求所有被试总结一下所听到的故事的心得，并且描述一下对照片男子的第一印象。

结果你也许已经猜到了。尽管两组被试听到的几乎是一模一样的故事，尽管两组被试都是正在接受高等教育的大学生，但他们给出的结果却大相径庭。

第一组在描述故事心得时，多用了展现负面情绪的词语，尤其在描述对照片中男子的第一印象时，他们觉得这个男人“相貌凶狠”“阴鸷”“捉摸不定”“性情暴戾”等。

而第二组所写的心得偏阳光灿烂，他们甚至把照片中男子的职业写了进去，并作为励志的教材。而第一印象的描述也多见“有涵养”“有学识”“面善”“成功人士”等词语。

当潜意识的信息被注入脑子里的时候，你的大脑便开始欺骗你了，它将一些明明很客观的东西染上了色彩，然后再让你无意识地去接受。

可是有人提出了疑问，以上那些所谓的有意思的实验，都是在人为设定好的模式和地点中进行的，而且被试最多不过几十人，真的能够代表这个社会的共性吗？如果将这些结果放在大的社会环境中，也同样适用吗？

我们都知道，美国是一个小费制国家，无论是在餐厅就餐，还是入住酒店，都要给为你服务的人一些小费。这并没有什么明文规定，但却是一项约定俗成的社会习性。据统计，美国人每年支出的小费高达260亿美元，这真是让服务业的老板们欣喜若狂，因为他们可以降低员工的基本工资，而促使他们用更好的服务质量去赚取额外的小费，员工们为了生计会拼命工作，努力服务，而高品质的服务也会给相应的公司带来更多的效益。

但我们现在需要讨论的并不是就业率和平均工资的问题，而是小费。

在很多人的观念里，小费是与消费的档次和服务质量挂钩的，但其实不然，也许在你支付小费的时候，会有以上的判断标准，但最大的标准还是在于你内心的感受：“高兴给还是不高兴给”。

那什么情况下你会心甘情愿地给小费，甚至超额地给小费呢？

据调查显示，如果服务员在送上账单的时候，附赠一张带有笑话的卡片，他收到的小费往往要多于那些只是端上账单的人，因为一个小小的笑话，也容易让人心情变得开朗。

当然不要说微笑的效应了，如果服务员微笑地走过来，并且很礼貌地向你问好，你觉得自己的受尊重程度是不是要比冷漠的服务员来的更多呢？此时，大脑开始作祟了，它用虚荣驱使着你，大大方方地给出一笔小费。

还有另外一项因素也能够为服务员赚取更多的小费，有数据显示，如果服务员在向客人介绍自己时说的是名而非姓氏时，他获得的小费将大幅攀升。我们都知道，名字比姓氏要来得亲密得多。

不过很奇怪的是，服务员的相貌却与收取的小费数量没有太大的关系。在一个餐厅中，一位漂亮的女服务员面无表情地向顾客递上账单和一位长相一般的女服务员微笑地向客人递上账单，二者相比，后者获得的小费要更多一些。事实证明，长得漂亮不如笑得灿烂，因为长相只是一个人的事情，而微笑则是双方的互动。

另外，肢体接触的力量也不容小觑。

曾有一名研究者进行了一个实验。他专门对两名餐厅女服务员进行了培训，让她们在给客人递上账单的时候故作无意识地触摸客人的手掌或者肩膀达到一秒以上。

统计结果显示，当服务员与客人有肢体接触时，她们获得的小费要明显高于毫无肢体接触的时候，而两种触碰方式相比起来，触摸手掌所获得的小费要更多一些。

病理溯源

以上的研究结果都向我们证明了一个简单的事实，我们的大脑常常会欺骗我们做出一些“怪诞”的行为而我们却不自知。然而，为什么会产生这样奇怪的现象呢？

在解读弗洛伊德的潜意识的时候，我们知道，平时表现于外在的意识，其实只是全部意识的冰山一角，埋藏在大脑深处的潜意识才是更为重要的部分。

所谓“潜意识”，指的是人们的内心活动中，没有被认知到，或者不能认知到的部分。也可以理解为是人们“已经发生了但尚未达到意识状态的心理活动过程”。

提出这一概念的弗洛伊德对此做出了形象的比喻，无意识就像一套房子里面的门厅，这里可以汇聚各式各样的心理动象，彼此拥挤，没有秩序。门厅后面有一个通道，通过这个通道便可以进入接待区——意识区域。但在门厅和过道中站着一个守卫，他负责来区别无意识的心理动象哪些可以进入接待区。一旦被批准进入，那么就形成了潜意识的系统。

他认为，潜意识的系统分为两种，一种是蛰伏的但能够释放出来的“潜意识-意识”系统；另一种则是压抑的很难被开采启用的“潜意识-无意识”系统。

潜意识是一股或者说多股神秘的力量，就像埋在地下的火山一样，它一旦喷发，便会释放出巨大的能量，如若不喷发，就成为一座死火山。喷薄而出的潜意识会在瞬间和我们的意识融合，形成“潜意识-意识”系统，这个时候我们通常的感受是灵光乍现，收获颇丰。

然而事实并非如此。潜意识深藏在我们的意识之下，非常情况下，它并不会显现出来。这与意识所处的环境大不相同。人都是社会人，都要受到周围环境的熏陶，都会被迫或主动接受一些可能自己都不能苟同的观念。

打个简单的比方来说，如果你在街上亲眼目睹了一场抢劫，你觉得受害者非常可怜，不但受到了惊吓而且财物也受到了损失。这个时候，你的潜意识会告诉你，应该去施以援手，主持正义，要么跑过去帮助受害人对付抢劫者，要么赶紧打电话报警。但这也只不过是一闪而过的念头罢了，此刻你更多的心理活动也许是，“歹徒手里有凶器，我要是过去帮忙，受伤害了怎么办？”“路过的人那么多，肯定已经有人打电话报警了，我内心对被抢的人表示同情……”

最终，大部分人的选择可能是赶紧跑开，避免成为下一个受害者；少部分人可能会选择打电话报警；而只有极个别的人，会直接冲过去与歹徒搏斗。这也许就是为什么“英雄”总是备受推崇却又显得如此凤毛麟角的原因。因为我们的行为往往遵从意识而不是潜意识，即便已经感觉到潜意识的声音，我们也会用惯常的意识来左右行为。

这也可以解释以上的理论，为什么大脑中的潜意识会像一个骗子似的，让我们做出那些匪夷所思的举动？其实这根本不是潜意识在欺骗我们，而是意识。潜意识说出了真话，表现了内心的真实想法，而意识则要想方设法地阻止这种想法。最终，二者的博弈导致了我们的“异常行为”。

仔细想想，是不是这个道理呢？回到我们一开始假设的购物情境中去。当我们面对是否需要推迟两天去买折扣的袜子和是否需要推迟两天去买折扣的衣服的选择时，潜意识很清楚地知道，两件商品折扣后所省下的钱是一样的。但意识会觉得，一件原价660元的衣服，等两天调价到640元，这没有多少实际意义，不如买来就穿上那么畅快。但一双30元钱的袜子10元就能买到，这真是占了大便宜。

于是，意识驱使着你去做了一些在价格上毫无优势的选择，只为了内心舒服一些而已。

Chapter8　催眠大师的杰作

当德国化学家霍夫曼于1845年发现了苯的存在之后，世界各地的化学家们都开始致力于揭开苯的分子结构。可是当时的人们思维都局限在传统的分子链结构中，却始终推敲不出苯的结构。碰壁的人越来越多，很多研究者都选择了放弃。

库凯里也是痴迷于苯结构的化学家之一，他在这上面花了很多年的时间，同样未果，无数次他都想要放弃，但也始终有一个声音在督促他要坚持。

1865年的一个冬夜，库凯里缩在自己的实验室里进行研究，因为太累了，他便靠着炉火打了个盹儿。睡梦中，他看到了一大堆原子在眼前跳跃，突然，这些原子齐聚起来，排成了一条长龙，旋转着、扭动着，火花四溅，非常壮观。过了一会儿，只见龙头咬住了龙尾巴，“原子龙”变成了一个圈……这时候，库凯里突然惊醒了，他像被电击了一样愣在那里，几秒钟后，他兴奋地跳了起来，冲到实验台上开始进行新的实验。“也许，苯的分子结构就是环状的呢？这个梦真是一个伟大的指引！”他絮絮叨叨地说道。

事实证明，的确是这个梦给了库凯里最正确的启示，而他的发现也带领着化学走进了新的领域。

我的世界你不懂

库凯里的神奇经历讲起来就像梦境一样充满神奇性，但从科学的角度来说，这也并非无迹可寻，在那个梦中，库凯里连通了自己的高层潜意识，这是在清醒状态下很难做到的。而高层潜意识则带领他找到了正确的方向。

那么究竟什么是“高层潜意识”呢?

它是潜意识里的最高级别，比如我们有时候会觉得灵感喷薄而出，绘画或者写作感觉下笔如神，但这样的状态无法持续很久，而且来得很突然，这便是在偶然间，我们接通了大脑内的高层潜意识。

“高层潜意识”以及“潜意识”，一直就是催眠大师的宠儿，好的催眠师能够游刃有余地在他人的潜意识中游走，发现一些可能连你自己都不知道的关于你的问题。也正是因为这样，催眠术以及催眠师常常与“超能力”有着奇妙的关系，反而很难跻身正统的心理学流派。

也不难理解，当你被一个人看穿，并且剖析得就像裸露在对方面前一样时，也许你更宁愿相信对方是具备某种“神助”能力，而非只是根据科学和正常手段来探究的。恰恰是这样的心理暗示，使得很多“非专业”的催眠大师功成名就。

希特勒的名字相信每一个人都不会觉得陌生，正是他掀起了人类史上最大规模的战争，也正是他，用他独特的鼓动力极强的演说，将自己推上了政治舞台，并且大规模散播他对战争的狂热。我们可以谴责他是一个丧心病狂的杀手，一个罪大恶极的魔头，但我们也不得不承认，他的确是一个天赋异禀的政治家、一个前无古人后无来者的催眠高手。

二战期间，有一位亲眼目睹过希特勒演讲盛况的日本记者将其所见所闻都记录了下来。这里节选一些供大家参考。

首先，希特勒非常注意自己的出场所能够掀起的效果，“希特勒的专车为先导，数台汽车载着他的党徒紧随其后，缓缓驶向街角的广场。到达之后，随车的党队队员立即跳下车，团团围住希特勒的专车，而其他的车辆向四面散开，刺眼的灯光从周围交射在希特勒的身上。”

这个时候，他还未开口，就已经吸引了所有人的注意，因为四周都变得一片黑暗，唯一的光亮是照在他身上的。暗示着，“只有跟着我，才能够见到光明。”

“希特勒的身姿非常明显，在一阵‘欢迎希特勒’的欢呼声中，希特勒把右手向上斜伸。这是一个经典的，非常具有号召力的姿势，斜向上方的胳膊既代表了拥抱的宽容，又表现了挥斥方遒的能量，随后，他开始以激动的语气发表极富攻击性的演说。”

先是指引了方向，随后给予了力量。希特勒想要的效果显然已经铺垫成熟。

“周围大约有1000多位听众悄然无声，每个人的目光都集中在希特勒身上。仰望着皓皓明光中站在车上的发表演说的希特勒，听众正好似凝视着发光的特殊物体的被催眠者，处于即将被人催眠的手术者的境地，他们眼神集中在一个点上，神情恍惚，站在原地已然挪不开脚步。”

看来，希特勒已经万事俱备，接下来，他只需要掌握语气、语速和语调，将他那套关于战争的歪理邪说一一道出便可。他的确也是这么做的，“德意志民族是世界上最优秀的民族，最优秀的民族有支配世界的神圣义务。”如此的口号在每个人脑海中植根了下来。

直到战争结束后，依然还有很多德国人认为他们是在进行一场正义的战争，他们值得为此卖命。在希特勒的深度催眠下，这些原本善良的人最终竟然变成了连他们自己都不认识的人。

希特勒的催眠能力已经到了无人能及的地步，从正宗的心理学角度来说，要同时向成千上万的人实施催眠几乎是不可能的事情，因为每个人的思想不同，心理承受能力不同，受暗示的程度也不同。

然而希特勒却做到了，没有我们传统意义上的催眠音乐，没有舒适的躺椅和熏香，也没有眼前匀速摆动的怀表，他仅凭着自己“非专业”的催眠手法，让万千人都相信了他的疯狂理论，并且深信不疑，这是就算进行过其他的催眠活动，也难以消除的根深蒂固的信任。

希特勒俨然已经将催眠术运用到了炉火纯青的地步。不得不承认，这招用在政治上非常有效。催眠了大众，就等于找到了自己的忠实拥趸，也只有万人信任，万人敬仰，才可能施展自己的政治抱负。

同希特勒一样，伊拉克前新闻部长穆罕默德·赛义德·萨哈夫也同样是一位万众瞩目的“催眠高手”，他在伊拉克民众面前撒下了弥天大谎，却换来了无数的信任和拥戴，令人不得不佩服啊。

伊拉克战争刚刚开始的时候，西方媒体纷纷报道说：“美军已经兵临巴格达城下”，不久之后，时任伊拉克新闻部长的萨哈夫就出现在了镜头前，他的表情轻松，用一种非常奚落的语气说道：“美军在伊拉克根本不会有立足之地，他们敢来，我们的士兵就会用子弹和鞋欢迎他们！”

自信的语气，笃定的话语，张扬的态度，还不忘引用伊拉克人民传统的打击不受欢迎人士的方法，真是为他赢得了阵阵喝彩。

从这个时候起，萨哈夫竟然成为了伊拉克民众的精神领袖，他用与事实完全不符的口号式的语言，让大批民众开始信任且拥戴他。于是，这个弥天大谎就像在伊拉克上空张开的巨网，网住了人们的思想，网住了人们的斗志。

出生于1968年的萨哈夫，大学时候攻读的是新闻专业，原本的理想只是做一名教师，后来走上了仕途，那艰辛无比的高升路让他懂得了政治的波谲云诡。伊拉克战争一爆发，他身穿橄榄绿军装，头戴贝雷帽，没有穆斯林标志性的大胡子的形象便已深入人心，可以说，他已经是世界知名的人物了。

不管外面战况如何，人们从来不会从他的口中听到任何屈服或者懦弱的字眼，甚至连真相都听不到，当美军的坦克停在百米开外，耳边不断传来枪炮声的时候，人们从萨哈夫口中听到的是这样的字眼：

“现在的巴格达是安全的，那些美军部队惨遭痛击……”“昨晚人们看到的搏杀将给这些雇佣军一个教训，将给华盛顿和伦敦的战争犯们一个教训！”

萨哈夫那有如神助的编织谎言的勇气和力量，就像病毒一样迅速蔓延，感染了大部分的民众，他将民众催眠，让这些处在水深火热战争中的普通人心灵得到了慰藉。即便周身黑暗，眼里依然有光亮。这让人无法评价，如此的谎言到底是罪不可恕，还是值得赞扬。

萨哈夫最擅长的，还有用嘲讽的语气谈论有关小布什的一切。

“布什是非常傻的人，美国人民并不傻，我不明白这么聪明的人民怎么会选出这么一个傻总统？”

“当我们建立法律，当我们在创造文学和数字的时候，布莱尔和小布什的祖宗们还在山洞里乱划呢……”

这些辛辣搞笑的语言带给民众的是暂时的轻松，以至于在战火纷飞的岁月中，人们依然会准时守在电视机前，收看萨哈夫的发言，当然，那是在条件允许的情况下。

可是不得不承认，萨哈夫越来越受欢迎了，就连他百般嘲讽的小布什都曾经说过：“每天我最关注两件事，一是看见美国的军队拉倒萨达姆竖立的铜像，二是听听萨哈夫又在新闻发布会上说了些什么……”不光是小布什，其实在2003年的春天，世界新闻界最关注的也是这两件事情。

不得不承认，当萨哈夫出现在麦克风面前，面对着记者的时候，他的表现是非常成功的。浅显易懂的表达方式，运用丰富的词汇，还有他那些大幅度的肢体动作，都非常煽动人心。在巴格达处于炮火中的时候，萨哈夫还为此向记者们道歉：“也许，爆炸声打扰了你们，你们是伊拉克的贵宾和朋友，但伊拉克必须对付这些外国来的恶棍。”然后他表示：“巴格达是坚强的，防卫是森严且安全的。”其实，每一天的新闻发布会，萨哈夫都试图让伊拉克民众相信，伊拉克政府仍然掌握着一切，不会被颠覆。而他的发言也被业界称为“语言炸弹”，攻击力十足。

深入探秘

虽然希特勒和萨哈夫生活在不同的年代，不同的地区，但在他们身上却有一个共同点，他们都用毫无事实依据的谎言成功地蛊惑了大批“粉丝”，以至于跟着他们去做错的事情都在所不惜。不同的是，希特勒扭曲的种族论残害了很多很多人，而萨哈夫虽然歪曲事实，却让身处“地狱”的人有了些许的希望和欢乐。

然而，我们在这里并不是要讨论道义的。而是要探讨一下他们“大师级”的催眠术。从职业上来说，希特勒和萨哈夫都是典型的政治家，他们与所谓的催眠术根本不挨边，但是，他们却深谙催眠的本质——暗示之道。

希特勒为自己的暗示做足了效果，在前面我们已经看到，当他要发表演说的时候，环境的打造是非常到位的，他在万人之中凸显了自己绝对的权威地位，这一点首先就震慑了在场的人，在那样的氛围之下，只要有几个人做出虔诚的信服状态，便会有更多的人一一跟着信服，这一点，与人们的“从众心理”息息相关。

因此，与其说希特勒以一人之力迅速征服了几万人，不如说他很懂得从众心理，让一些人感染了另一些人，最终臣服于他的脚下。

而萨哈夫运用的方法则不同，他所具备的暗示力量要更强一些。不管美军的战斗力、攻击力有多强，他在镜头面前，或者广播里面，都是一遍遍重复着美军的“败笔”，强调着“我们的军队的强大力量”。这样不断地、反复地暗示，慢慢地就将观众带入一种混沌的境地，人们不愿意去看清事实的真相，反而愿意从萨哈夫的语言里找到他们想听的东西。

事实上，这就是伊拉克民众潜意识里的想法，他们想要的胜利，他们想要的安宁，这些虽然都没有实现，但在萨哈夫嘴里，这就像是真的一样让人心里舒服。沉浸于舒服的思想环境中，又有谁愿意主动挣脱去面对残忍呢？

希特勒和萨哈夫的“高级催眠术”在催眠心理学中尚属特例，并不是每个人都可以完备地掌握这门“技艺”，但我们很有必要从科学的角度真正地认识一下催眠。

病理溯源

“催眠”是一个古老的词汇，早在公元前三千多年，在古埃及就有关于催眠术的文字记录，在我国传统的宗教中，也提到过关于催眠的传说。可是在那么久的岁月里，催眠一直以一种神秘的形象示人，让人心生不解和恐惧。

18世纪中叶，一个名叫麦斯麦的实习外科医生第一次看见了神父用磁铁治疗病人，他对这个神奇的现象着了迷，决心好好学习这门“技艺”。

他将自己妻子的一位患上歇斯底里症的朋友当成了自己的第一个治疗对象。这个患病的女孩已经饱受病痛折磨近两年了，发病的时间并不固定，其间会伴有间歇性的呕吐、痉挛、牙痛、排尿困难甚至失明等症状。

在麦斯麦为女孩准备的治疗室里，他将女孩从头到脚都绑上了磁铁，然后，开始记录女孩的感受。

“双脚很刺痛，然后慢慢地往上移，浑身都有刺痛的感觉，尤其是在关节部位，疼痛更明显。后来，我感受到一股磁流，它一开始只是探个头，在不同的地方出现，然后它开始发力，漫延，慢慢地顺着血管走遍全身，这股力量越来越大，挤走了那些刺痛感，我突然觉得很舒服。像是已经完全康复了。”

有女孩为实证，麦斯麦的磁力治疗法顿时为他带来了很高的声誉，那个时候的麦斯麦还没有意识到，实际上他已经开创了催眠术的先河，因为他已经想到，真正的力量并不是来自那些毫无生命的磁石。可惜，他仍然觉得，是有一种神秘的，看不到的能量在左右这一切，而他则独一无二地拥有了这种能量。正是这一点点的偏差，让麦斯麦与真正的催眠学说失之交臂。不过，他的工作，也将神秘的催眠术推向了发展的高潮。

在经历了很长一段时间的“误入歧途”以及多方面的探索之后，催眠学说终于开始回到正轨上来，但仍然有不同的学派持不同的观点。

南锡学派认为，所谓的催眠结果，和天然的睡眠状态无异，重点在于“催”这个字。实际上，催眠的特点就在于暗示。

我们每个人潜意识里面的观念，其实都有演变成动作的趋势，而催眠师正是了解了这一点，他们给出一些暗示，而被催眠的人就会接收这个暗示，然后将其实现为动作，因此就有了催眠的状态。

对此有人提出了质疑，每天我们脑子里都会闪现千千万万的观念，可没见谁能够把这些观念都变成动作啊。

对此，南锡学派的解释是，当我们将注意力集中于某一个观念的时候，这个观念其实就“独占”了我们的脑海，它会将其他的意识都挤出去，最终，这个观念形成了动作。

与南锡学派观念截然不同的是巴黎派学说，其代表人认为，催眠状态本身就是一种精神病征，它会历经三个阶段：昏迷状态、强直状态，最后到达睡行状态。

两派观念争论不休，最后，由他们的继承者将其统一。新的观念认为，催眠就是一场人造的梦游。

催眠就是睡眠吗？催眠能够让人梦游？虽然催眠状态与睡眠状态看上去很相似，但它们是等同的吗？巴甫洛夫对此作出了回答。

他认为，催眠和睡眠，在本质上并没有什么不同，可以说催眠就是部分的睡眠，我们每个人都离不开睡眠，但我们却无法从睡眠中体会到关于睡眠的系统知识。

但脑电图的出现，让人们有了机会观测自己在睡眠状态的脑电波。人的睡眠一共会经历四个不同的阶段，第一个阶段的脑电波波形为高频低幅，证明大脑活动还很活跃，比较像人在清醒时的休息状态。这个时候，人的行为是刚开始打瞌睡，受到轻微的刺激就可能马上惊醒，而且醒来之后，会觉得自己根本没有睡着过。

第二个阶段与第三个阶段呈递进式，没有明显的区分，这时候的脑电波为大而且慢的波形，状态较为平稳，随后，进入到第四阶段，脑电波的波形更大，更慢，也就是我们常说的“深度睡眠”。

但是被催眠者的脑电波却不会出现第四阶段，也就是说，催眠约等于轻度的睡眠，但催眠不会进入深度睡眠。而且，催眠的状态是一个被动状态，也就是说，被催眠者是通过暗示来达到一个恍惚的状态，这个时候，其实他的主观意识已经被弱化了，但潜意识里对外界的判断是清醒且正确的。当催眠结束后，被催眠者依然能够清楚在催眠状态下接收到的信息。

也就是说，当人被催眠的时候，其实是穿越了意识而到达了潜意识层面，我们能够更清晰地面对自己的潜意识，这个时候，也许意识中那些困惑的，自我为难的东西都不在了，我们看到了自己内心深处的真相。

Chapter9　离开正常医院的特殊病人

一辆运送精神病患者转院的车在途中爆胎，当司机换好轮胎时，发现车上关着的三个精神病人全部逃跑了。为了不承担责任，司机以免费搭车的方式骗了三个人上车，并一路直驱将这三个正常人送进了精神病院。在历经一个月的“折磨”之后，三人顺利获救。于是有记者分别对他们进行了采访。

记者：“当你被关进精神病院的时候，你都采取了些什么方法试图出去？”

甲：“我想，如果要出去，首先得证明自己没病呀。于是我告诉他们，‘地球是圆的’。这是个真理，能说出真理的人总不能被当作是精神病吧。”

记者：“结果呢？”

甲：“结果当我说到第十四遍的时候，护理人员不由分说地在我屁股上扎了一针，然后说道‘地球的确是圆的，这我们都知道，你有必要重复那么多遍吗？’于是，我只能乖乖地待在病房里了。”

记者：“你是怎么走出精神病院的呢？”

乙：“我和甲一样，都是被丙救出去的。”

记者：“那当你误入精神病院，肯定试图出去，你都怎么做的呢？”

乙：“为了证明我是个正常人，于是我说出了很多正常的事情，我告诉他们我是社会学家，现在的美国总统是谁，英国元首是谁，德国总理是谁……不过没等我说完，他们就给我注射了一针镇静剂。”

记者：“那你知道丙是怎么走出去并救了你们两个的？”

乙：“知道。他进来以后，什么都没说，该吃饭吃饭，该睡觉睡觉，到了看电视的时间，他就出去看电视。当护理人员给他倒水的时候，他回答谢谢。到了第28天，他们就将他放了出去。”

这个事件向我们阐述了一个道理，有时候，越是急于证明自己，就越是证明不了。因为没有人愿意跟着你的思路去思考问题。

然而，从精神科学的角度来看待这一事件，我们不得不提出更多的问题来探讨。

我的世界你不懂

从精神病院的角度来看，是否接纳一个病人，在于这个病人的行为属于正常还是异常，而如何判断一个人的行为到底是正常行为还是异常行为，则是心理学的基本问题。

然而，就像世界上没有两片完全相同的叶子一样，人与人之间也存在着很大的不同，因此在心理学上，根本无法制定一套完备的，近乎无偏差的测评机制来判断人的行为，心理学家们也只能将所有的行为分布于一个连续的“轴”上，以最两端为极端来进行判断。

为此，心理学家大卫·罗森汉恩专门针对精神病院进行了长期的研究，其中的一个实验非常有意思。

罗森汉恩招募了包括他自己在内的8个人来进行实验，实验的要求是让这8名被试伪装成精神病患者进入到精神病院，然后在里面以正常状态生活，其目的是想看看，这些混迹在精神病中的正常人能不能被院方发现，由此推断出，所谓的精神鉴定者，究竟是根据患者的行为来进行判断，还是根据患者所处的环境导致的行为来进行判断。

这8名被试由3女5男组成，其中有三个心理学家，一个精神病学家，一个画家，一个儿科医生，一个研究生以及一个家庭主妇。而目标精神病院共有12家，分别位于美国的东西海岸。

“游戏”正式开始了！每个人的开头都一样，他们打电话到目标医院预约医生，然后在医生面前报告说自己经常能听到“轰”“砰的”“空的”等声音，其他表现均正常。他们去问诊的时候，病历都是真实的，唯一做过手脚的是他们的职业和姓名。

8个人分别拜访了不同的医生，并且都被收入了不同的目标医院进行治疗，其中7个人都被诊断为“精神分裂症”。

入院之后，被试需要做的事情就是表现得正常，或者说，他们平时什么样就保持什么样就好了，因为他们本身精神没有什么问题，但需要配合一切的治疗，每天按时吃药（但不是真吃）。

因为不知道自己什么时候会被释放，因此8名被试都需要记录下自己在精神病院的一切，以便作为实验的真实数据。一开始，大家都掩藏起自己记日记的行为，并且试图在医护人员面前表现自己其实已经恢复了正常，但很快就发现这种掩藏毫无意义，在医护人员的眼里，偷偷记日记就是疾病的表现之一。

8名被试住院的时间从7天到52天不等，平均入院时间是19天，而最重要的一点，也就是响应实验目的的一点是：8名被试无一人被识破，他们被放出来后，病历本上填的内容如出一辙：“精神病恢复期”。也就是说，这8个正常人，都被完完全全地当成了精神病患者。

而从他们带出来的日记中，发现了很多有意思的东西，这是实验目的之外的收获。

事件一：其中有3名被试都阐述了类似的事情，医院里的医生和护士从没有怀疑过他们身份的真实性，但病友们反而不那么好“忽悠”，在3名被试所在医院的共118个真病人中，有35个对他们提出过质疑。他们讨论说：“你不是真病人，你一定是记者，潜伏进来要曝光精神病院状况的。”

事件二：被试在入院之前，已经得到指示，在精神病院要尽量地与医生和护士多接触，最好能进行一些实质性的谈话，本来希望这样的行为，能更多地给予院方了解病人并及时判断出“假病人”的机会，谁知道结果却非常奇怪。

几乎所有的医护人员都明显地抗拒与病人进行正面的沟通，比如其中一名被试记录，当他见到医院的精神病学家，并迎上去，非常礼貌地问：“医生您好，我想请问一下，我什么时候才能够成为一名合格的地球主人？”时，对方的反应是：“你好，戴夫，今天天气真不错，你感觉如何？”边说着，边径直往前走，根本没有丝毫要停下来聊聊的意思。

统计数据则更让人惊讶，有70%的精神病学家和接近90%的护士在与被试正面“交锋”的时候，都是充耳不闻继续前行，避免与病人有任何正面接触。能够有目光接触的精神病学家只占了23%，而能够停下来聊聊天的百分比只有2%。

事件三：与交流的严重匮乏成反比的是药物的丰富和充量。8名被试入院期间，共拿到了2100片药片，当然他们不会将这些药吃下去。而且几乎所有被试都发现，那些真病人，也有很多拒绝吃药，在医护人员走了之后，将药片扔到了马桶里。

事件四：还有一名被试记录了一件八卦的事情。有一天，一名负责值守活动区的护士的衣服没有穿好，于是她当着活动区几十个男病人的面扣胸罩的扣子并调整她的胸罩，完全不避讳男女有别。她这么做并不是放荡，而是在她眼中，这些人就不是什么正常的男人。

被试记录下的很多细节听起来都很有意思，甚至有些好笑，但深入思考，却让人有些不寒而栗，如果这不是一个实验，如果这几个假病人真的是意外，或者由于一些特别的原因而进入到了精神病院，照这种状况，他们岂不是无辜地被贴上了“精神分裂症”的标签？

如果他们不是因为胸有成竹，知道自己在做实验，知道即便自己不能获得精神病院的正规释放，也会有相应机构来“解救”自己，他们还会不会那么淡定地表现得像一个正常人？如果一直没有得到释放，他们会不会在这样的环境中情绪失控，最终变成一名精神病患者？

无怪乎一些影视作品会借鉴这样的题材了，将正常人送到精神病院，很可能假戏真做地把人逼疯！

深入探秘

罗森汉恩的实验非常有力地证明了，哪怕是在国家公立的精神病院，正常人也无法与真正的精神病患者区别开来。但他并没有将责任归咎于鉴定专家“学艺不精”，实际上，在过于强大的精神病机构中，医务人员对个体的判断很容易出现“思维定势”，即“既然来到这里，就一定是有病”。

这种“有病假设论”不但局限了鉴定专家们的思维，同时也局限了他们给出的治疗方法。先把一个人假设成为有病，再慢慢地通过治疗，缓解其病情，希望最后这个人能够康复。这是一条正常的治疗思路，可是他们都忘了，开头的笃定很容易让一些人“躺枪”。

为此，罗森汉恩提出了“贴诊断标签”的概念。当一个被试被贴上了“精神分裂症”这个标签的时候，所有的医护人员都会朝着精神分裂症的核心特质去判断被试，对被试所有的行为理解都起源于那些特质。

比如，被试在看球赛时，他支持的球队进球了，被试忍不住高兴地呼喊两声，这本来是再正常不过的表达方式，可被试已经被贴上了“精神分裂症”的标签，于是在他兴奋地呼喊之后，护士立刻端来了镇静剂，准备给他注射，以防止他情绪失控。

“诊断标签”的表现还在于，当精神学家对患者给予综合评价的时候，往往会带上自己的判断色彩。比如一名被试带入精神病院的资料上是这么写的（这些资料都是真实的）：

“在童年的时候，鲍勃和母亲的关系非常密切，但与父亲的关系比较冷淡。然而从青少年时期开始，情况有所改变，鲍勃和父亲成为了亲密的朋友，与母亲的关系反倒有些冷淡。他目前和妻子的关系密切且温暖，除了偶尔生气，夫妻间的冲突很少，鲍勃几乎不打孩子。”

可是，这段无关痛痒的病历，经过精神病院的精神学家分析后，竟然成为了其“精神分裂症”的根源。精神学家是这样解释的：

“鲍勃这名40岁的白人男子，在童年早期的亲密关系中显示了一段时间较长的，相当矛盾的历史，与父亲的关系非常紧张。而他与母亲温暖亲密的关系在青少年时期变得冷却，这形成了他阴晴不定的性格……鲍勃缺乏情绪的稳定性，容易发脾气，有时候会打孩子……”而且在评判鲍勃的社会关系时，竟然也说鲍勃有一些相当矛盾的意识潜藏在他与朋友之间的关系中。

这样看起来，精神学家的诊断近乎无稽之谈，尽管他并非有意为之，但实在就像在给鲍勃的人生“抹黑”。可是站在精神学家的角度上来看，他不过是觉得这些行为符合鲍勃“精神分裂症”的状况罢了。

研究进行到这里，发生了一些小插曲，当然，没有什么事情会一帆风顺地发展，如若真的这么顺利，反而不具备说服力了。

事情是这样的，在罗森汉恩所选择的12家目标医院的其中一家听说了罗森汉恩的研究结果之后（此时尚未公布），非常怀疑，他们觉得罗森汉恩在造谣，“把正常人当作病人来治疗”这种事情是不会发生在他们医院的。

为了检验这一点，罗森汉恩给医院负责人打了电话，告诉对方，在这以后的三个月时间内，会有一个或多个假病人试图进入医院，他希望医院的所有医护人员都能够积极配合，用10点量表对所有病人进行评定，判断个体是假病人的可能性。

三个月过去了，该医院给出了报告，共判断出有191人是假病人，其中的41人，被至少一名医护人员判断为假病人；其中的23人则被至少一名精神病专家判断为假病人；而其中的13人至少被一名精神病专家和一名医护人员断定为假病人。

这时候，罗森汉恩带着诡异的笑容出现了，这个狡猾的老狐狸一副“吃定你”的表情告诉院方，其实他没有派任何一个假病人入住该家精神病院！

事实证明，当出现“奖励机制”，比如权威的验证的时候，诊断结果会出现反向的偏差。之前是把正常人当作了病人，而此时却是把病人当作了正常人。但无论是前者或后者，都说明了这一诊断机制非常不稳定，过程中容易出现很多错误。这样的诊断无法让人信赖。

病理溯源

可怕的罗森汉恩！可怕的研究！当他将所有实验数据、分析和结果公诸于世的时候，在舆论界引起了轩然大波。这不但是公然挑战国家机构的运行机制，也是在挑战那些就职于这些机构的高精尖人才的权威。

但罗森汉恩本意并非如此，他致力于研究精神病院所有病情判断标准以及治疗方略，只是为了更好地去帮助那些真正需要帮助的人，而避免将一些本来正常的人拖入“泥沼”。

罗森汉恩的研究结果，向世界说明了两个关键的因素。

第一，在那些精神病机构中，无法真正地将“心智健全”和“心智不全”区分开来。罗森汉恩认为，医院本身就是一个标签化的特殊的环境，而人处在这个环境中，行为的意义很容易被误解。而且，即便真正住院治疗的人，也很可能因为一些误解而抗拒治疗。

第二，诊断标签的危险性不言而喻。当一个人被贴上了符合某种病症的标签后，那个标签将会轻易地掩盖住这个人的其他特征。而那些

“标签化”的特征则会被放大，被暗示，最后变成一种自我确认。说白了，就是一个正常的人如果长期被人说成有精神分裂症，最后他真的会变成一个精神分裂症患者。如果真是这样，那精神病院到底是在救人呢，还是在害人呢？

现在，放下那些误诊和心理暗示，让我们来看看真正患有精神疾病的人被贴上诊断标签之后又会产生什么后果呢？

在对近两千名精神病患者进行采访后，我们知道，他们中超过90%的人都有耻辱感和被歧视感，甚至觉得，病情的恶化正是来源于社会的“有色眼镜”。因为这种不愉悦的感受，绝大部分人选择隐瞒自己的病情，将自己伪装得像正常人一样，以防止被看不起。然而越是这样，越容易暴露出病情。

“被伤害、沮丧、无尊严、痛心”是在受访者口中出现频率颇高的词语。

因此，在质疑诊断机制的同时，我们更应该关心的，是如何真正切实有效地对精神病患者给予关爱和帮助。所谓的“诊断标签”是不是只贴在了那些诊断人员身上？

实际上并非如此，我们正常人对所谓有病的人避而远之的态度，才是对他们伤害的本源。

Chapter10　超高难度的倾斜走路

你看过脉动的广告吗？里面的人倾斜着身体走路，喝了一口脉动立即焕发了活力，身体也直了起来。然而，现实生活中，真的有这样一种人，他们得了怪病，走路时斜着身子，难度之高令人咂舌，而他们自己却浑然不知。特别提醒，他们绝不是在拍广告。

我的世界你不懂

“麦克，你要是再这么走路就给我滚出去！”麦克有些委屈，不明白妈妈为什么这样大发雷霆，而一旁的兄妹们则笑得前仰后合。

麦克已经不是第一次挨骂了，他也不知道为什么，大家说他总是斜着身子走路，就像是比萨斜塔，大家都觉得他再倾斜一点就倒了，这也是妈妈吼他的原因，可是他却浑然不觉。

起初，妈妈以为麦克是闹着玩，但后来发现他真的没有意识到自己的这个怪状，于是带他来看医生。医生问他是否能感觉到倾斜，而麦克回答说：“我感觉很好。”

麦克说经常有人嘲笑他，这会使他很愤怒，“难道我会不知道自己斜着站？”

为了让他信服，医生用DV拍摄了一段视频给他看。

“天哪，这不可能，我怎么斜着走路！？”看完视频后的麦克终于相信了，也明白母亲经常骂自己的原因了。

从视频中可以明显看出，麦克的身体是倾斜的，大概有20度左右，身体的重心偏向左边，给人的感觉就是勉强能够维持身体平衡，再斜一点就要摔倒了。

“医生，我这是怎么了，我没有任何感觉啊，我以为自己就像是电线杆，是班里站的最直的学生。”

“恐怕，这就是问题的关键所在。”医生回答说。

接下来，医生给麦克讲了一段很专业的话，让麦克感觉神乎其神。

“你知道，人类有五种感官知觉，它们构成了我们的感觉世界，你肯定听说过神秘的第六感，这种感觉同样重要，是与生俱来的，只是有待人们进一步去探索。

“维多利亚时代，人们第一次发现了第六感，当时把它叫做‘肌肉的感觉’，这种对躯体和四肢的相对位置的感知，来源于关节和筋腱内部的传感器。直到18世纪90年代，第六感才有了相对正式的命名‘本体感受’。人类的身体之所以可以在空间里保持平衡，都是基于它的复杂机制和控制功能。

“对于正常人而言，在正常的条件下根本感觉不到第六感的存在，但是一旦第六感不再发挥作用，那么后果则相当明显。即便本人感知不到，其他人也会轻易看出问题，就像你的例子。

“第六感失调，我们就很难跟外界沟通，感觉异常奇怪，就好像感知不到自己。”

麦克似懂非懂地点了点头，陷入了沉思。

医生看到麦克的表现，微微一笑，因为他见多了这种表情，病人根本没有听懂，只是意识到病情的严重性，这很好，有利于开展进一步治疗。

医生继续向麦克介绍说：博登·马丁医生曾经在书中写道：“大脑中必定有一个中心或权威……或者我们所谓的‘控制中枢’。它会收到身体是否处于平衡状态的信息。”

马丁医生并没有想出治愈这种疾病的方法，但他一直在努力，帮助像你一样的病患找到正常人的步伐与姿势。例如，用皮带保持身体平衡，在地板上画线等方式控制病人走路的步伐。然而，对于你这种病情，却没有太好的治疗方案。

“那怎么办，医生，我就一直斜着走路吗？这让我看起来像个怪物，尽管我没有任何感觉。”

医生告诉麦克不要着急，他有一个方法，就是设计一个独特的眼镜，作为水准仪，这样一来他的世界就不会倾斜了。

经过一番设计，一个简易的眼镜水准仪制作出来了，看起来虽然非常古怪，但是却解决了麦克的问题。

戴上眼镜，麦克并没有感觉多么奇怪，但是他的身体不再倾斜了，虽然最初很别扭，但是通过几周的训练，麦克养成了紧盯“仪器”的习惯，他的体态也从此不再倾斜。

最开始，麦克担心自己的眼镜被人嘲笑，没想到当他走在大街上，回头率非常高，甚至有人专门模仿制作他的眼镜，他的古怪装饰出人意料地成为了一种街头时尚。

麦克的病情得到了控制，很快就有第二个、第三个病人戴上了这种眼镜，之后该眼镜被命名为“水准眼镜”，有了它，病患们可以像正常人一样走路，再也不用面对奇怪的眼光了。

深入探秘

博登·马丁是大脑机制研究领域的专家，前面提到，他曾经说过，每个人的大脑中都会存在着一个权威中心，也就是我们通常意义上理解的“控制中枢”，它不但能够收到身体是否处于平衡状态的信息，而且能够分析并且处理这些信息，并对肢体下达各项指令。

但这一切都是建立在我们的内耳迷路、本体感觉以及视觉影像三者能够协调发挥作用的前提下。

可是帕金森综合症却会破坏这种很微妙的平衡。因此这些患者经常有看上去很奇怪的表现，比如倾斜着走路，或者歪坐着，可他们自己却完全感受不到，也不会觉得眼前的景象跟着“歪掉”了。

博登还提到，以上三者相互协作，也能够相互协调和互补，尽管三者的感觉能力各有不同，但有一部分是存在互补能力的。在正常情况下，视觉的反应与控制并不是最重要的，只要我们处在最前面的内耳前庭与本体感受建立的系统完好，我们的身体协调能力就是完好的。比如一个正常人，即使蒙上眼睛让他走路，只要前面没有什么障碍物，他也不会走得东倒西歪，也不至于会摔倒。因为内耳迷路与本体感受很好地弥补了视觉影像的缺失。

但放在帕金森综合症患者身上就不行了，因为他们大脑中的平衡系统已经遭到了破坏，因此他们即便看着前方走路，整个人也是歪斜的。

博登·马丁不但是一位杰出的脑科医生，同时也是一位非常优秀的心理医生。他从不会将病人当作“另一类人”来看待，在他眼中，因为有了这些病人，自己才能够学到更多的东西。因此他很多经验都是从不同的病人身上总结出来的。

经过一系列研究他发现，那些恶性美尼尔综合症患者，通常需要切除内耳迷路来缓解患病造成的痛苦的眩晕感。这些患者在手术完成之后，往往无法单脚站立，或者根本站不直。但是经过一段时间的恢复之后，这些症状便消失了。原因在于，个体的“本体感受”渐渐弥补了内耳的缺陷。当这些患者非常努力地站直，非常努力地练习单脚站立，这种能力就逐渐成为了他们的第二本能。

有了这些结论，博登想，那能不能设计出一套有规律有科学依据的方案，让那些帕金森综合症患者跟着执行，去努力弥补前庭反射的残缺呢？

这便是麦克所使用的水准眼镜最初的启蒙者。

病理溯源

帕金森综合症是临床医学上使用非常频繁的诊断概念，特指因为脑血管疾病、脑动脉硬化、中毒、感染、遗传、药物作用以及外伤等原因所造成的一组临床症候群，该症候群主要以运动迟缓为主，多见姿势不稳、运动困难、肌肉僵直以及震颤等等。

这是一种慢性的、渐进性的神经疾病，据统计在美国大概有近百万人患有帕金森综合症。它也被誉为“三大老年病”之一。而我们前面所讲述的麦克的事例，也就是发病于年轻时候的几率是非常低的，多与遗传和外伤有关。

这类患者的最常见表现是无法控制的震颤，或者肌肉僵直，亦或者姿势失调，而且他们自己无法很好地控制自己身体的运动。与身体不协调相应的还有面部表情的僵硬，这充分说明了脑部组织中控制面部神经的区域其功能已经退化。

他们几乎不能同时进行两项运动。下面这项描述充分说明了这点：

那位老人行动缓慢地向酒店前台走去，相信他是要去退房结账。他的左手垂直，右边胳膊神经质地向前弯曲着，随着脚步的行走上下颤动，似乎根本不听使唤。突然，老人停住了，刚好对面走过来一个人，莫名其妙地看着老人，表现出素不相识的样子。

原来，老人并不是要和这个人打招呼，他只是把左手伸到了裤子口袋中，像是要掏钱包。但他并没有把钱包掏出来，而是把左手放在裤袋里，继续往前走。

终于到了前台，他找了一个合适的位置停住，抖抖索索地从裤袋里掏出了钱包。

可见，老人在走路的时候，无法顺利地把左手放到裤袋里，只能停下来，单独完成这个动作。极端的肢体不协调已经限制了他们完全发挥四肢功能的能力，这种损伤已然是不可逆的。

庆幸的是，在帕金森综合症发病早期，只是肢体协调和运动能力出现问题，患者并不会出现意识和认知方面的问题，如果得到了及时的治疗，便能有效控制病情。但如果发展到后期，多以痴呆收场。这时候的症状与阿兹海默症类似，甚至比后者更为严重。他们会渐渐失忆，生活不能自理，越来越无法行走，然后坐在轮椅上或者躺在床上颤抖着结束自己的一生。

专题1：那些令人费解的奇怪事件

“心口不一”显然被认为是给一个人的人格魅力减分的“劣迹”之一，然而很多人并不知道，其实“心口不一”才是99%的人生活的常态，有的时候，我们的大脑都会欺骗我们自己，更何况说出与自己内心不符的话来欺骗别人呢？

那么我们到底有多了解自己，我们平时所见到的以及所表现的行为，又有多大程度上与那个“本我”相符呢？

这个世界非常玄妙，当一些东西以真相呈现在你面前的时候，或许会让你“惊声尖叫”。做好准备，我们一起去看看，一些千奇百怪、怪力乱象的人类心理和行为吧！

NO.1：最大的骗子——时间

如果你没有手表、没有钟、没有手机……没有任何能够显示时间的东西，仅凭着自己的感官和生理反应去判断时间的流逝，你觉得，自己的判断能够有多少误差？

1962年，一个名叫米歇尔·西弗瑞的地质学家在一次实验中，以自己的“痛苦”经历回答了以上问题。

米歇尔除了是一名地质学家之外，还是一名洞穴探险家，那些埋藏在密林深处或岩层底下的幽暗洞穴对他来说有着无穷的吸引力。那一年，他为了追踪冰河在地下冰穴中的移动情况而来到了一个位于地下375英尺深的洞穴中。

米歇尔的计划是在洞穴中进行为期两个月的记录，不过他觉得，这样的机会难得，应该进行更多的研究，于是他为自己设计了一个独特的时间心理学的实验。米歇尔没有带任何能够显示时间的仪器进入山洞，而是勉强自己仅凭着生理规律来作息，同时判断时间的流逝。

在深深的山洞中，米歇尔只有一顶小帐篷、必须的生活用品，以及唯一一部与外界联系的电话。每当他准备睡觉和睡醒了的时候，都要给外面的团队打一个电话，由同事们记录下米歇尔自我感受到的时间与真正的时间之间的误差。

整整60天，米歇尔一直处在一个暗无天日的环境中，随着时间的推移，他同外界的联系越来越频繁，而他对于时间的感知度也发生了严重的扭曲。比如他在相隔四个多小时的时间内给外界打了两次电话，但他却很肯定地说自己一个小时前才给外界打过电话。当实验结束，同事将他从山洞中接出来时，他认为同事们打乱了他的计划，因为实验被提前结束了，他觉得，自己在山洞里只待了34天而已。

米歇尔以自己的亲身体会证明，视觉对于外界光线的感应能够帮助我们维持生物钟的正常运转。但如果用光线照射我们的双眼，大脑便会由此“上当”，从而加速或者减缓我们生理时钟的运转。

NO.2：幸运的人一直幸运

“马太效应”是社会心理学的经典效应，它向我们证明了强者恒强、弱者越弱的道理。如果一个人获得了成功，那么随之而来，各种好事情都会发生在他的身上。同样，一个人如果很衰，他就会遇到各式各样衰的事情。

这个效应也可以这样理解，那些幸运的人就像是幸运之神的好朋友，总是受到眷顾，他们总会在合适的时间，出现在恰当的地方，即便面临危机，也会走运地化险为夷。但倒霉的人则恰好相反，“喝凉水都能塞牙”的事情总是频繁发生。

为了验证幸运的人是否真的很幸运，或者说一直很幸运，美国的一位心理学家做了一个小小的实验。

他召集了50名被试，先让他们自我评估，在生活中究竟是属于被幸运之神眷顾的一类，还是经常倒霉的一类。然后他给每人发了一份报纸，让大家仔细阅读之后告诉他，里面一共出现了几张照片。

实际上，主试在报纸中藏了“玄机”。在第二版的中间位置，他用很大的字体登了这么一句话：“如果你看到这行字，请告诉工作人员，就可以领取一百美元为奖励。”

实验结束后，这名主试发现了一个有趣的现象。那些声称自己常被幸运之神眷顾的被试再一次被眷顾了，他们几乎都发现了这行字，然后高高兴兴地找工作人员领奖。但那些报告自己经常倒霉的人，大部分都没有看到这行字，他们一直认真地、专心地埋首在报纸中数照片。

这位心理学家认为，人的幸运或者不幸，并不是上帝在天空中决定并安排好的，实际上一个人的运气好坏是由这个人的行为和思想所决定的。幸运的人通常乐观积极，活力四射，这样的心态让他们对未知的恐惧低于阈值，因而更容易接受新的挑战，更容易抓住新的机遇。

而那些不幸的人则相反，他们多半性格孤僻，反应也不够敏捷。他们的情感关注点更多地集中于自己身上，因此很害怕周遭发生的会让自己感到不舒服的改变。对他们而言，“未知”便是最大的恐惧和不安，处于恐惧中时，他们便会与大好的机会擦肩而过。

NO.3：孩子的谎言

“他还是个孩子，怎么可能说谎？”类似这样的台词是不是觉得似曾相识？在电影《狩猎》中，因为一个四岁孩子随口说出的一句谎言，她的幼儿园老师便被指控为性侵儿童的超级大变态，可笑的是，当法庭审判的时候，几乎所有在这个幼儿园就读的孩子都站出来作证，他们绘声绘色地描述自己的老师是如何侵犯自己的，有的人说出了老师家地下室的样子，甚至有的人说出了老师的生殖器官！

虽然经过调查，解除了这位老师性侵儿童的嫌疑，但在那样一个人口并不密集的小镇上，一旦某个观念入侵了人们的思想，便很难调整过来，法律虽为其正身，人言却几乎将他逼死。

可笑的是，我们通常觉得，孩子的心性是最单纯的，根本不会撒谎，谁曾想，一个孩子的弥天大谎，居然有几十个孩子一起来应和，他们的谎言无稽可笑，充满了想象力。他们这样撒谎时，并无心害人，但却意外地给他人造成了严重伤害。

为了探究孩子的谎言行为，有不少的心理学家都做过各种各样的实验。这里为大家介绍一个在业界很著名的实验。

研究人员找来不同年龄段的孩子参与实验，整个实验过程是这样的，他先将一个孩子带入到一个小房间中，然后告诉孩子，他现在有事要出去五分钟，在孩子的身后放着一个好玩的玩具，但他要求孩子不能转身过去看玩具。如果孩子能够乖乖地在这里等五分钟的话，就会把那个玩具奖励给孩子。

研究人员离开了，小房间内暗藏的摄像头会记录下孩子的一举一动。五分钟后，研究人员回到房间，然后询问里面的孩子是否转身看了那个玩具。

实验结果是，在三周岁这个年龄段，有80%的孩子回头看了玩具，而这其中大概有一半的孩子否认这个行为，对研究人员撒了谎。

而在五周岁这个年龄段，所有的孩子都回头看了玩具，但是所有的孩子都对研究人员撒谎，否认他们看过玩具。

这一结果清楚无误地表明，撒谎是天生的能力！从我们学会说话的那一刻起，我们就已经学会撒谎了。研究者对此进行了进一步的分析，我们通常认为“孩子不会撒谎是因为心性单纯”，这个观念是错误的，孩子的单纯，便意味着他们还没有足够的能力去明辨是非，好与坏，对与错，在他们的头脑中没有来自个体的独立判断方式，也就是说，孩子的成长首先来自于父母的教育，然后才是从生活中慢慢积累出经验，有了自己的判断方式和判断能力。

既然是这样，孩子其实更容易撒谎。比如实验中要求孩子不要转过去看玩具，但他们单纯且好奇的心性战胜了他们的自控力，他们迫切地想要知道这个玩具是什么。然而，当研究人员对他们进行询问的时候，他们又意识到，如果承认自己看过，就得不到这个玩具了。因此，对玩具的渴求便促使他们说出了谎言。在这一系列的行为中，他们并没有那么多的思维空间去考虑自己说谎是不是错误的行为，他们单纯的心只停留在了玩具身上。

这个实验还有一个结果同样令人惊奇，当研究者让这些孩子的父母观看问询孩子的录像时（提前未告知实验内容），他们对于孩子否认偷看过玩具的说法竟无从分辨真假。也就是说，这些自认为已经不再单纯，经历过社会洗礼，经历过风吹雨打的人，在面对孩子的时候，居然也无法从孩子的表情和语言方式中判断出孩子到底说的是真话还是假话，这是不是可以说明，天真的孩子才是真正的说谎高手呢？

NO.4：成年人的谎言

在说完孩子的谎言之后，我们应该接着探讨一下成年人的谎言。如果上一条理论成立，我们从学会说话的时候就已经学会了撒谎的话，那么到了成年时，撒谎的功夫应该已经练就得“炉火纯青”了。

有一项研究是这样的，研究者抽调了不同的被试，要求他们在为期两周的时间里详细记录下自己每天的说话内容，并且注明这到底是真话还是谎话。结果显示，大部分人在每天的谈话中，有三分之一的内容带有欺骗的形式，其中至少有两次是重大谎言。而每天延续下来的谈话内容中，有80%的谎言还未被揭穿。我们都知道，一个谎言说出口，就需要后续的千万谎言来圆谎。这也许就是谎言越积越多的缘故。

而且，这些谎言的背后，并不是什么重大的事情，参与调查的人当中，有超过80%的人会在找工作面试的时候说谎，因为他们认为面试官并不喜欢求职者坦言自己从前的经历。如此可见，大部分人对于谎言都是信手拈来的。

在这里，研究者引入了一个“自我监控能力”的概念，他认为，那些自我监控能力强的人，倾向于让面对自己的人，看到自己在画一个圆。相反，那些自我监控能力弱的人，则倾向于让自己看到自己画的是一个圆。

这个概念该如何理解呢?

自我监控能力强的人，往往会按照自己计划好的状态去表现，他们的行为目的倾向于让别人认为他是什么样的人。这就比如一个人在拜访陌生客户的时候，希望对方对自己的第一印象好，他就会去努力地扮演某个温柔、大方、热情的角色。目的是让对方看到他是这个样子的。

而自我监控能力弱的人呢，他们不会苛刻地去要求自己一定要怎样表现，因此他们所做的那个人，往往就是做给自己看的。

当我们用“自我监控能力”来解释人说谎的行为时，便能知道，自我监控能力强的人显然更容易成为撒谎高手，而这种能力较弱的人，似乎用撒谎来掩饰自己的意识较差。

NO.5：这是一个很小的世界

“小世界现象”最初是由一位匈牙利的作家于1929年提出来的，他认为，地球上的任何两个人，都可以平均通过一条由六个人组成的人脉关系而联系在一起。

到了上世纪60年代，美国哈佛大学的心理学家斯坦利·米尔格兰姆针对这个理论设计了一个连锁信件实验。

他随机选择了300位生活在奥马哈市的居民，给他们寄去了内容相同的信件，信中斯坦利表示，希望收信人能够帮助他，将这封信寄给生活在波士顿的一位地产经纪，同时他描述了这位地产经纪的一些特征（其实这位收件人是虚构的）。

斯坦利提出了一个要求，这300位收信人不能直接将信件寄给那位地产经纪，而是要通过自己认为关系不错且有可能认识那位地产经纪的亲友转寄，如果亲友不认识，那么可以拜托其他的亲友再转寄信件。

因为目标人物是虚构的，因此这300名被选中的被试谁也不可能认识他，他们必须首先通过自己的亲友去转寄信件。且不说奥马哈市距离波士顿有多远，即便是在同一个城市里面，要找到一个完全陌生的人看起来也有些大海捞针的感觉。

三个月后，斯坦利收集了实验结果，与“小世界现象”提出的理论非常符合，尽管世界很大，人口很多，但这些随机抽取的被试联系上千里之外的陌生人，最多通过了六个“中间人”。就此，他提出了“六度分隔”假说，其含义是世界上任意两个欲取得联系的陌生人之间，最多只隔着六个人，便能够达成联系。

这个理论便可以解释，为什么流言总是传播得飞快，为什么你总是能听到一些和你生活风马牛不相及但是很八卦的事情了。而且，斯坦利还有一个发现，就是那300名被试，几乎都是通过朋友和熟悉的同事、客户等去传播信件的，而非通过家人。

斯坦利的发现，不但能够解释整个社会的人际关系网，同样还能运用到供电网络、疾病传播学等各项领域，可谓贡献颇多。

NO.6：姓名也能害人性命？

中国人自古以来就有对于名字的迷信，因此很多人家，尤其是大的家族都会有族谱，凡是男丁都登名造册在其中。即便没有族谱的，家里出生的婴儿还是可能得到一些“取名大师”的赐名。当人们过得不顺的时候，首先追究的可能不是境遇或者自己的努力方向，而是自己的名字是不是与自己的八字或五行不合。而有的人，则会被指名字“克夫”“克父”，或者干脆克自己……遇到诸如此类的情况，人们最常用的处理方式便是“改名转运”。至于改个名字是不是真的能转运，似乎没有人去深究。

但如果你认为这种迷信仅仅存在于中国，那就大错特错了。

在美国加州，两名心理学研究者从人们姓名的首字母缩写中也发现了一些与姓名有关的问题。

研究人员利用电脑，筛选出了所有由三个字母组成的英语单词，然后将它们分成两类，一类是正面积极的，一类是负面消极的。然后，他们又调取了加州所有登记在册的死亡证明。

接着，他们将以上两个研究内容结合了起来，分析那些名字首字母缩写比较正面的和名字首字母缩写比较负面的人的死亡年龄。

待到所有结果筛选出来之后，他们又排出了因为社会经济状况以及种族还有特别迷信的死亡年份等因素，最后发现，那些名字缩写比较“正面”的男性，比如JOY（高兴）、HUG（拥抱）等等，平均比一般人多活了近五年。而那些名字缩写比较“负面”的男性，比如DIE（死）、PIG（猪）等等，则平均比一般人少活了近三年。但这些数据在女性身上又有所不同，名字缩写较“正面”的女性比其他人平均多活了三年，而名字缩写较“负面”的女性则没有什么明显的特征。

为什么会出现这样的情况呢？

研究人员表示，那些名字缩写比较负面的人，可能因为名字而对自己的评价不高，再加上周围的人也许会对他的名字加以篡改、嘲笑，因此他们承受的负面情绪要比那些名字“正面”的人要多。而大家都知道，负面情绪过多是会对身体产生危害的，这就是为什么他们会比正常人“短命”的缘故。

那么为什么这样的现象在男性身上有所体现，而在女性身上却没有明显体现？研究人员认为，相比较起来，女性对于名字的在意程度并没有男性那么高，或者说，她们对于在社会上所扮演角色的成败的在意程度没有男性那么明显。女性嫁作他人妇后，会跟随丈夫姓，既然这样的更改是约定俗成的，那么她们也没有必要那么在意名字是否“负面”。

NO.7：音乐的魔力

音乐的确是有魔力的，光看那么多知名的作曲家、音乐家为之销魂就可见一斑。不过，音乐的魔力并非单纯地让人迷恋，让人放松那么简单。

20世纪90年代，美国德克萨斯州的几位心理学研究者专门针对音乐展开了一系列研究，其中一个关于音乐与营销的实验颇有点耐人寻味。

他们找到了市区里生意非常好的一家经营酒品的商店为试验点，然后有计划地设计了店里播放的音乐，这样能够保证每天进店的客人有半数听到的是古典音乐，而另一半则听到的是流行音乐。这期间，研究者们会扮成店里的导购轮流值班，为的就是观察客人们的举止行为，以及对酒的选择等等。

经过几个星期的观察和记录，统计结果出来了。

所播放的音乐的不同，并没有延长或缩短客人在店里待的时间；也没有影响他们购买的酒的数量；同时也没有影响他们是否仔细地去阅读酒瓶标签……但是，不同的音乐的确影响到了顾客的某一项行为，那就是所选择的酒的价格。

在播放古典音乐的时段，顾客所选择的酒要比播放流行音乐时段的顾客所选择的酒贵上三倍之多！

研究人员认为，之所以会出现这样的情况，是因为当人们在听到古典音乐的时候，瞬间会在心中产生一种“高大上”的感觉，而这种感觉会促使他们选购贵的、有品位的酒来搭配古典音乐的高端。

当社会学家罗格斯·吉米看到这一项调查之后，自然而然地联想到，音乐是否会对人的行为和心态产生重要影响呢？

他找来了不同时代的近1500首乡村音乐进行研究，然后发现，这些歌曲中，有60%以上的歌词都充满了消极情绪，描绘了人的颓废、绝望、自暴自弃或者怨天尤人。那如果经常接触这类型的音乐，是不是会对人的心智产生影响呢？

为了解答这个问题，研究人员分析了全美国49个地区人员的自杀率，以及各地广播经常播放的歌曲。当研究人员排除了贫困、持枪等因素之后，依然发现了一些联系：广播电台播放的消极的乡村音乐越多，当地的自杀率就会越高。

这就不难解释当那首神秘的《黑色星期天》问世之后，为什么在很短的时间内就引起很高的自杀率，以至于出现世界各地相继禁播的情况了。那种低沉、阴郁且充满灵魂拷问的乐曲，的确有着令人绝望的气息。

NO.8：自杀也会传染

在讲述完音乐的魔力之后，相信大家都会对“自杀”这个词产生某种奇怪的好奇。自杀这种行为显然是违背了人类生存的正常规律的，而且自己结束自己的生命多少看起来都会有些痛苦和不忍。不过，外力的作用，比如来自音乐、影视或者人为的刺激，也的确会让人在一瞬间充满了想“死”的欲望。

然而，在排除了这些原因之后，还有一种原因同样会引发人的自杀欲望，那就是“别人的自杀”。

在小说《少年维特的烦恼》中，讲述了一个名叫维特的少年爱上了一位已经戴上订婚戒指的女士。他们碍于很多原因无法真正地在一起长相厮守，维特年轻的心灵经不起这样的折磨和等待，最终饮弹自尽。当歌德这部呕心沥血之作发表之后，很快引起了世界级的轰动。除了他娴熟的文字驾驭能力和对人内心隐秘情感的精准透析之外，这本书最吸引人的地方还在于，它掀起了一股“自杀热”。在该书出版后的半年内，德国境内的自杀率明显上升，而且那些选择自杀的人多半都是模仿“少年维特”的自杀方式。这种情形被社会学家命名为“维特效应”。而《少年维特的烦恼》这本颇具文学价值的书也一度被禁。

1974年，美国加利福尼亚州某所大学的教授大卫很想要弄清楚，如果不是通过小说，而是通过媒体报道某一些自杀事件，会不会引起现代版的“维特效应”。

他找来了从40年代初到60年代末这二十多年间美国在册人口的自杀统计数据，结果他发现了一个很能说明问题的现象，如果一个人自杀的新闻上了报纸或电视的头条，那么它后面紧接着会有很多自杀事件与之有关，这个“很多”的平均数据为60。

“有关”的含义是，后续的自杀事件，往往会出现与那桩报道相似的方式，或者有相似的背景。至于相关事件的数据，则与媒体报道的深度和广度紧密相关。

而且，后续事件发生的时间与被报道事件相隔很近，平均而言，在媒体报道某起自杀事件之后的半个月内，该地的自杀率会上升30%。如果，自杀的是名人，那这个数据更高。

比如，当知名影星玛丽莲·梦露香消玉殒之后，全国的自杀率在一个时期内竟然上升了12%。而诺贝尔文学奖得主海明威终于不堪病痛饮弹自杀之后，很多与之相熟的名人居然也以同样的方式结束了自己的生命。

生命尤可贵，自杀可不是闹着玩儿的。一旦认真了，就再也醒不过来了！在很多研究者都公开了自己关于“自杀会传染”的研究之后，一些国家也出台了相应的指导意见，希望媒体在报道有关自杀事件的时候，尽量避免用一些惊悚、恐怖，或者天命所归之类的语言；也不要太过详细地描述当事人自杀的方式，最好做到客观、平淡、简练。这也许就是降低自杀传染率最有效的方式之一吧。

NO.9：你是一个诚实的人吗

试想一下，当你在自动取款机面前准备取钱时，突然发现出钞口出来了一张百元钞票，但这个时候你还没有提取你卡上的钱呢（很显然是机器故障而多出的钞票），你是会把这张钱放在口袋里，还是拿过去还给银行？

也许，这个问题的确揭露了你内心的一点点隐私，如果你感到羞于承认的话，不用太担心，因为你大概和大多数人的选择是一样的。

为了印证这个问题，一些研究人员专门在自动柜员机的摄像头另一侧观察了这一情况。事实证明，有超过三分之二的人会拿走这张钞票，然后装作什么事都没发生地继续取钱。而这其中还有一些，显得非常“有头脑”，他们再次折返到取款机前，发现照样会先出一张钞票时，脸上的表情都欣喜若狂。其中最为“会赚钱”的一位竟然折返了二十次之多。

为了深入研究人的“不诚实”是否有选择性，研究人员又设计了其他的实验。

首先，他们和一家连锁的便利店进行了沟通，让其中一名研究人员扮演收银员，目的就是给顾客多找钱。如果顾客付的是10元，则按照付了20元的价格找零钱；如果顾客付的是50元，那就按照付了100元的价格找零钱。

第一名顾客进店了，他只是匆匆忙忙地买了一条口香糖，递给了收银员10元钱，当然，他收到了比10元还要多的“找零”。从检测镜头中显示，这名顾客没有丝毫的犹豫，他迅速把钱揣进兜里，离开了便利店。

第二位顾客进来了，收银员照样犯迷糊找错钱，但这名顾客依然没有声张。

第三位，第四位……整整一个上午，所有进便利店买东西的顾客，居然没有一个人提醒收银员找错钱了而退回多拿的钱。而且他们离开便利店时，多半脸上都会露出“占了便宜”的狡黠笑容。

到了下午，研究人员开始了第二个方案，“收银员”不但要找错钱，而且在找零钱的过程中要大声地数出零钱有多少。比如当顾客给出10元钱购买了价值8元的东西时，收银员一边找钱，嘴里一边念着“你给我20，我应该找你12元”，然后很认真也很大声地数清楚这12元钱。

然而，情况并未有所改变，所有顾客都默默收下多找的钱离开了，没有一个人有一点的犹豫。

到了实验的后半部分，研究人员决定加强对错误的强调，收银员不但要念叨着所找的零钱，同时还有装作一时犯迷糊的样子，反而询问顾客，“刚才你递给我的是多少钱？”

研究人员猜想，收银员已经反问了，而且把皮球推到了顾客身上，一旦顾客撒谎被揭穿，后果将很不“好看”，这种情况下应该不再会有人说谎了吧。

可结果超出了研究人员的预料，尽管“风险很大”，但竟然只有一个人指出了收银员的错误，剩下所有顾客都没有实话实说，他们都拿走了多找的零钱，而且笑容更加狡黠得意。

在这一个实验部分，顾客通常不会立刻确定地回答收银员自己究竟付了多少面值的钞票，而是会试探性地反问收银员“你自己看看呀”“抽屉里面确定一下呀”之类的话，目的是核实一下收银员是否有办法明确地判断自己究竟付了多少钱，一旦他们确定，收银员根本无从判断，彻底迷糊的时候，他们便会趁机占便宜。

这个实验很轻松地就证明了，“自私”和“贪小便宜”几乎是人类的共性。但研究并没有就此止步。研究人员把错找零钱的招数放到了街边个体经营的一个小商店里。找零的错误与在连锁便利店的完全一样。

这一次，结果大不相同，有超过半数的顾客会及时地指出店主的错误并把多余的钱退还给店主。

这个有趣的现象表明了，即便人们自私且喜好贪小便宜，但并不是毫无底线。在大部分人心中，连锁便利店属于大公司，很有钱，因此占他们一点小便宜，他们并不会损失什么。但街边的小商店不同，盈利或亏本都得店主自己承担，而且小本经营本来也赚不了多少钱，再多拿人家的钱就显得不厚道了。正如其中一名顾客在实验后接受采访时说的那样：“我觉得靠这种意外和不诚实去‘赚取’生活境况和我差不多的人的钱是不对的。”

这一个系列的实验与社会学中很重要的“相似心理”完全相符。人们通常都会有很相似的心理，比如“仇富”，再比如一定程度地同情穷人等等。人们在抱着这样的心态去处理问题的时候，往往会引发相似的行为，但没有人是提前约好的，这只是人类的共性所致。

中篇

难解的行为

Chapter11　拼命摔下床先生

史蒂芬从午睡中惊醒，眼前放着一条血淋淋的断腿，就像是《电锯惊魂》中的场景一样，肢体被切割，而一条断腿扔到了他的床上，正巧压住了他的左腿。

史蒂芬一阵恶心，紧接着大汗淋漓，这是他从未经历过的恐怖场景，只有在电影和恐怖小说中遇到过。

史蒂芬故作镇静，他觉得这是同事的恶作剧，“一定是那帮缺德东西在整我，我饶不了他们。”

“新年快到了，大家一定是找点乐子打发无聊的时间，没想到这回的倒霉鬼轮到我了。”想到这里，斯蒂芬诡异地乐了一下，然后拿起那条假腿，使劲朝窗外扔去。然而，随着史蒂夫使尽全力扔出这条假腿时，他的身体也随之发生倾斜，摔落到床下。

这时，史蒂芬彻底从境况中清醒过来，他再一次陷入恐慌之中，因为他发现这不是一条假腿，而是自己的左腿，虽然没有被锯断，但这一切再次让史蒂芬陷入惊恐，他随即大喊大叫起来……

我的世界你不懂

听到史蒂芬的叫喊，珍妮护士赶紧跑了过来，想要扶起史蒂芬，可是他说什么也不愿上床，眼睛直直地盯着自己的左腿。

“感谢上帝，我的腿没被锯断”，“这是哪儿，这不是办公室，我怎么在医院！”很显然，史蒂芬还没有从刚才的梦魇中走出来。珍妮护士一边安抚史蒂芬的情绪，一边让人把医生找来。

不一会儿，科尔医生来了，他也没能将史蒂芬劝上床，所以只能蹲下来跟他交谈。“史蒂芬，别紧张，你只是做了一个可怕的梦而已。”

“哦，是的，医生，我现在好多了”。史蒂芬从梦境中走了出来，他想起来自己为什么会出现在医院的病房了。原来，他的左腿出了毛病，不听自己的使唤，神经病专家建议他留院观察。最初，史蒂芬并不这样认为，他觉得医生是小题大做，说他这是一条“懒惰”的左腿，但是史蒂芬一整天都感觉良好，晚上睡得也不错，直到饭后午睡的时候，突然做了一个噩梦，他这才意识到自己的左腿可能真的有问题。

史蒂芬开始向医生诉说刚才的梦境，“医生，我刚才出现了幻觉，《电锯惊魂》一样的场景居然出现在我身上，不知道是谁将一条血淋淋的左腿砍下来扔到我床上，当我想把它扔出窗外时，才发现这就是我自己的左腿，所以我就摔了下来，这太恐怖了。”

“你现在是什么感觉？”科尔医生问道。

“什么感觉？还能有什么感觉，开始当然被吓坏了，现在我就是特别烦躁，感觉这条腿不是我的，请帮我找回我的左腿。”

史蒂芬表情激动，大喊大叫，他觉得肢体是有生命的，而且那只血淋淋的左腿总是缠着他不放。

珍妮护士走了过来，对科尔医生说：“史蒂芬先生已经不是第一次摔下床了，这几天他总是出现这种情况，无缘无故地摔了下来，费劲力气将他弄上床，过一会他又掉了下来。”

“史蒂芬先生，你为什么总是往床下跑呢？”科尔医生问道。

“我经常感到左腿不是我的，感觉那是一只假腿，不知道从哪里来的，于是想要把它扔出去，结果每次使劲都会让我摔到床下。现在来看，这条左腿似乎真是我的。”

史蒂芬情绪激动，边说边使劲敲打自己的左腿，甚至用硬物砸，那种努力程度，丝毫不亚于拆房子的建筑工人，然而医生从他脸上只看到愤恨，却没有痛苦的表情，这就证明了史蒂芬对左腿所做的这一切，毫无疼痛感！

一阵厌恶感袭来，史蒂芬再一次颤抖不止，“这不是我的腿，绝对不是，它是假的，它看起来不像是我身上的一部分，我怎么会认不出我的左腿呢？”

看到史蒂芬焦躁的样子，科尔医生问道：“如果这不是你的左腿，那么你的腿去哪儿了？”

听到这句话，史蒂芬像是想起了什么，表情僵硬了几秒钟，随即又陷入恐慌之中，“我的腿，它……我也不知道，我的腿到底跑哪儿去了？”

史蒂芬脸色苍白，似乎马上要晕倒似的。

史蒂芬的左腿去哪儿了？当然还是在他的身上，那条腿不是臆想出来的假腿，就是史蒂芬自己的左腿，而他为什么会出现这种幻象呢？

当一位著名神经病学家得知此事后，给科尔医生写了一封信，大意是：

我曾经就诊过一位病因不明的患者，他有心房纤维性颤动的疾病，导致左侧偏瘫的心脏栓塞已经被切除。在这位病人身上发生了奇怪的事情，每到傍晚他都会从床上掉下来，而且护士将他扶上床之后，过不了多久又会摔下来。当时，心脏病专家查不出病因，于是把我请来。

我问病人晚上发生了什么事，他告诉我的情况跟你的病例很像，这也是我头一次听说，患者告诉我他经常在夜里惊醒，然后看到床上放着一条冰冷的、被切割的死人腿，于是他吓坏了，使劲浑身力气将这条腿扔得远远的，可每一次他都这样摔下床。

这位神经病学专家认为，这个病人是完全丧失半身肢体知觉的典型病例。

从这名医生的描述上来看，他遇到的患者和史蒂芬的确很像，他们的肢体并没有受过任何损害，但他们的大脑却“不承认”这部分肢体的存在。更为怪异的是，当医生顺着他们说，“的确，这是一条恐怖的腿，该把它扔掉，但你自己的腿去了哪里？”的时候，他们都会感到迷茫，像是突然跌落到另一个世界，看什么东西都表现得极为陌生。

深入探秘

对于这种无法认出自己肢体或器官的症状在神经学上我们统称为“失认症”，这是一种因为大脑局部受损而导致的一种后天的认知障碍。在关于此类病情的研究报告中，我们看到了很多不同的病例。

与上述患者不同，安妮不认识的是自己的手。

这位60岁的失明、脑瘫患者一生从未使用过她的双手，尽管她的双手没有什么大毛病，只是偶尔会伴有小小的痉挛。

可是她并不认识自己的双手，既无法感知放在手上的东西是什么，也无法舞动自己的十个指头去拿起刀叉或者其他东西。她从没有自己吃过饭，都是别人喂她的，其他需要用到手的生活各方面也需要别人的帮助。

她是这样形容自己的双手的，“两团没用的废物，像两个面团一样。”她没有关于手的任何记忆，因为根本没有启动过它们。

当她住进医院后，几位医生开始为她制定了一系列的康复方案。根据各项资料显示，安妮的手是正常的，只要她愿意，她就一定能够使用它们。

方案展开的第一步，是要安妮摆脱依赖。医生们叮嘱照顾安妮的护工，不能每天给她喂食了，可以将食物放在她的面前，鼓励她自己动手去拿。

安妮起初很暴躁，她认为医生是在刁难她，“你们这样，不就是逼迫一个没有腿的人去参加长跑比赛吗？”

可是咆哮过几个小时以后，安妮终于累了，也饿了，她抬起了她的

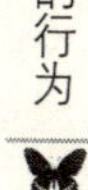

左胳膊，然后用那只她陌生到一定程度的左手在前面的餐盘里摸索，然后，她将摸到的东西拿起来，抖抖索索地送进了嘴里。“嗯，这个甜甜圈的味道可不怎么样……”安妮挑剔地说道，但值得庆幸的是，她终于开始使用自己的手了。

虽然安妮的手尚不能感觉到所触碰的东西是什么（这更多的是因为她从没有用手接触过那些东西，眼睛也看不到。根本不是手本身的问题），但她毕竟清楚地意识到，这原以为是面团的两只手实际上是有作用的。

接下来的日子里，安妮对自己的双手产生了浓厚的兴趣，她告诉医生，自己真是“亏大了”，居然等了六十年，才发现双手是这么好玩儿的东西。

她迷上了手工艺类——需要灵巧的双手来完成的工作，并且自己制作了很多东西，尽管这些东西可能旁人要花些时间才能分辨出是什么，但安妮却能轻松地，通过手的触摸而描述给大家听。

病理溯源

在一部名为《修复手部功能》的书中，作者曾讲到这样的事情：参加战争的士兵们都受了重伤，回乡治疗。在渐渐康复的过程中，很多士兵竟然患上了“手部失认症”，他们对这两只分别长着五个细木棍状的东西感到陌生，虽然他们的意识中很清楚“手”的概念，但面对自己的手，他们却认为这双手已经“死了”“残废了”。

可是经过检查，他们的神经和感觉器官都很正常，并没有受到什么损害。于是作者推测说，这些士兵可能是在手术之后手的“知觉系统”和感知产生了分离，有的人的分离是短暂的，几个星期之后便慢慢康复了，但有的人的分离却延续了好几年。

在一些糖尿病患者身上也可以见到奇怪的“失认症”，他们会觉得自己的手脚都像被套上了袜子一样，触碰任何东西都没有真实感。实际上，这是他们的触感出现了问题，或者说，感应触觉的神经出现了毛病。如果神经功能严重弱化，他们甚至感觉不到手脚的疼痛，现实感完全丧失了。

有一位先生就是这样，虽然看上去四肢健全，但他觉得自己已经变成了一个箱子，没有了四肢。原本该是胳膊和腿待的地方，现在像被糊上了一团泥巴。

以上种种的失认症多半都是后天造成的，如果不是由大脑不可修复的损伤引起的，均有治愈的可能。要唤醒肢体的能力，就离不开“使用”两个字。

比如老是要把自己左腿扔出去的史蒂芬先生，虽然他无法辨认眼前的腿到底是自己的腿，还是一条鲜血淋漓的“没有主人”的腿，但事实证明，在依靠双腿走路这件事情上，他并不存在问题。也就是说，他的腿部功能尚全，如果一直努力地引导他去关注自己左腿的行动能力，而不是“莫名其妙出现在床边的腿”的话，相信会有一定的疗效。

Chapter12　神秘的路西法

“好人”“坏人”，“善”“恶”，这些意思相反的词语在你的心中是不是也有一个很明显的区分界限呢？比如善与恶在同一个人身上是很难共存的；比如好人不容易变成坏人，而坏人更不容易变成好人？

在人们的道德观念里，固定的思维正是如此，就像我们都希望这个世界黑白分明，但是，美国著名心理学家菲利普·津巴多却给所有笃信善恶分明的人头上狠狠地浇了一盆冷水，他那著名的“斯坦福监狱实验”不但将“好人”的名号推向了深渊，而且颠覆了很多人对于善念的信仰。

但是，你不要着急着抨击津巴多，他的行为虽然看上去有点“可恨”，但不得不承认，他揭露了人性深处善变的一面，并且为我们解释了很多曾经百思不得其解的事情。

我的世界你不懂

1971年8月14日。

这是一个星期天，睡懒觉的人们还在梦境中，一阵警铃声便划破了清晨的宁静，警车开到了汤米家门口，警察敲门而入，并对汤米出示了逮捕证。大学生汤米涉嫌一宗严重的罪行而被逮捕了！到了警局，处理完相关程序之后，汤米被蒙上双眼，送到了斯坦福监狱，这个时候的他还有些半梦半醒。

汤米不清楚的是，此时，和他一样境地的还有八名大学生，他们也是在这个清晨被带到监狱里来的，他们被迫脱光了衣服，喷洒上了消毒剂，然后变成了没有名字，没有特征，只有一个号码作为代号的“犯人”。

汤米和其他八个人到底犯了什么罪?

其实，他们只是报名参加了由斯坦福大学教授菲利普·津巴多设计并主持的监狱生活实验，在此之前，他们根本不知道实验到底要如何进行，只清楚每天能够获得15美元的酬劳，时间为两周。

津巴多为这个实验，还招募了其他人员，为了更逼真地体现监狱生活场景，他设计了九名囚犯和九名狱警，还有六名候补人员。

当另外九名扮演狱警的大学生到位之后，“斯坦福监狱实验”正式开始了。

第一天

九名“犯人”入狱，他们穿着背后有号码的囚服，脚上带着镣铐，这样看上去更加逼真，而被试也更容易进入角色。

九名狱警扮相十足，警棍和手铐样样齐全。在“上岗”之前，他们并没有受到有关狱警工作的任何专业指导，所有的知识都是来自影视节目和书籍。津巴多对他们的要求是：“所作所为尽可能地贴近真实，去维持监狱的法律和秩序，但不能够通过暴力来执行，当然也不用对犯人的‘胡言乱语’太过在意。”

这一天，在分配牢房和各自适应角色的过程中度过。两派被试之间相安无事。

第二天

早晨起床后，狱警发现，有犯人没有叠被子，他立刻对犯人实施了原地做30个俯卧撑的惩罚，氛围一下子紧张了起来。可能因为根本无法适应自己已经成为了“囚犯”，九名被试缩在自己的牢房里，不愿接受体罚。

然而，无声的抗议显然没有什么实际效果，反而激怒了狱警，为显示权威，狱警们拿起灭火器朝罪犯们喷过去，然后冲进牢房，将囚犯的脚拷在床腿上。还有一个囚犯被直接拖进了禁闭室……

在狱警施行完惩罚之后，一名囚犯崩溃了，他嚎啕大哭，嘴里喊着“我受不了了，我要出去”，一面拼命地用脑袋撞囚室的门。

津巴多也无从判断这名被试到底是在演戏，还是真的精神崩溃，但为了确保被试的安全，他还是决定，换下这名被试，由一名替补继续进行实验。

第三天

因为犯人不配合，狱警实施了新的惩罚手段：不许犯人去上厕所。于是整个监狱成了猪圈，弥漫着恶臭。个个犯人都无精打采地缩在囚室里，包括新替换上场的被试。这时候，实验者放出风来，说被换下去的那个被试将采取非常手段帮助狱友们越狱，这让狱警们很紧张，甚至有些草木皆兵。

三名囚犯出现了应激症状，说胡话，情绪异常激动，还有一名囚犯在听说自己的假释申请被驳回的时候，居然起了皮疹。

第四天

百无聊赖的狱警开始换着法儿的折磨犯人，他们强迫只穿着囚服没穿内衣内裤的囚犯玩“跳山羊”的游戏，又让囚犯背着两个人做俯卧撑。这些惩罚不但是身体上的折磨，也关乎尊严。

又有一名囚犯出现了歇斯底里的症状，被替换下场。这三天之内，已经有五名被试被替换掉了。

第五天

这些扮演狱警的被试似乎获得了“上帝的指引”，他们想出了很多让人惊叹的方式来惩罚犯人，欲加之罪愈演愈烈，随便寻个由头就能惩罚某个犯人，而这一切并不是为了维持秩序，只是为了让各位狱警看着开心，打发无聊的时光。

这一切是津巴多没有料到的，他压力巨大，非常担心那些扮演犯人的被试的心理状况。这时候，他的女友来看望他，当女友见到监控中狱警的行为时，情绪异常激动，她愤怒地对津巴多说："上帝，你到底在做什么？你会毁了这些男孩的。"

这更增添了津巴多的焦灼。可是他很舍不得就此暂停实验，毕竟，这里面有他多年研究的心血。然而，这时的监控画面中出现了令人不堪的一幕，狱警们竟然强行要求犯人模仿动物交配的动作。看着这些狱警挥舞着警棍，表情陌生且狰狞，津巴多终于决定放弃。

第六天

一大早，津巴多就宣布实验结束。所有被试都从监狱里出来，恢复了正常身份。

这个实验，比预期提前了九天宣告结束。虽然没有完成实验所设计的全部步骤，但是很多事件实际已经很能说明问题，被试的表现印证了津巴多内心的理论，却又是他最不想也不愿看到的。

深入探秘

津巴多教授的实验让人震惊，甚至有些心生凉意，然而，正是他将这种原本不为人知，或者说不为人承认的心理隐秘真正搬上了科学研究的舞台。放眼望世界，你会发现很多类似的事件，人性在瞬间颠覆成自己都陌生的模样。

比如1994年发生在非洲的卢旺达大屠杀。这次惨绝人寰的屠杀行动被称为世界上最不受重视，同时也是最残暴的一次大屠杀事件。

事件的根源其实由来已久。卢旺达地区生活着胡图族人和图西族人两个种族的人群。在过去的几十年中，两个族群的领导者一直在博弈，于他们而言，谁占据了领导地位就意味着谁有绝对的权力来管理整个国家，但对于百姓而言，胡图族人和图西族人长期混居，他们既没有不同种族不准通婚的界限，也没有肤色的区别。也就是说，除了身份证上的

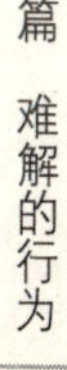

文字，实际上这两个种族的人并没有任何不同，他们可以成为邻居，成为好朋友，成为夫妻，和睦相处。

可是有一天，政府对百姓们宣布了一件事情：

亲爱的胡图族人，你们每天用最善良、最勤劳的心迎接太阳的升起，然后努力生活，直到日落。但你们却不知道，在你们身边的那些图西族人，实际上是一些残暴的坏蛋，在他们身体里流着恶魔的血，你们现在的宁静在不久的将来将不复存在，除非你们现在就举起武器，铲除你们身边的图西族人。去干吧，杀死他们，胡图族人将统治卢旺达，胡图族人一定会将我们勤劳善良的精神发扬光大，将恶魔赶出我们的地界。作为政府，我们一定会给你们提供武器的支持，直到你们完全将图西族人消灭。

于是，屠杀开始了，毫无理由地，胡图族人便举起菜刀向身边的图西族人砍去。一夜之间，无数的图西族人倒在血泊之中，而残忍的杀戮还在继续。

胡图族人聚集起来，他们有政府的支持，有武器，有车辆，他们组成了临时的队伍，开始扫荡，挨家挨户地搜寻图西族人并将他们消灭。

整整三个月，卢旺达处在一片血泊之中。猖狂的胡图族人甚至向自己的亲人下手，他们杀红了眼，嗜血的快感撞击着他们的大脑。而手无寸铁的图西族人却无辜至极，被逼无奈，他们从一开始的手足无措到后来的奋起反抗，更加重了这一场屠杀的血腥味。

据不完全统计，有近百万人死于这场大规模的屠杀，其中大部分是图西族人。而这个事件发生的时间是在1994年，并非未开化的史前，也不是在封建统治的专制时代。非洲的发展虽然很落后，但在彼时也已经进入了文明社会，这样丝毫“不文明”的行为波及的范围如此巨大，真是让人感到不可理喻。

有一位记者采访了一个胡图族妇女，在大屠杀中，她亲手杀死了邻居一家的图西族人，连人家六岁的女儿也不放过。而就在两天前，她还和这家的女主人一起逛街买菜，一起相约着在自家院落里做饭宴请朋友……她对此残忍行为的解释是，作为一个胡图族人，我有义务响应政府的号召去消灭那些图西族人……女孩的父母都已经死了，她留在这个世界上无依无靠没办法生活，我不杀死她也会有别人杀死她。我这么做只不过是送她去与父母团聚，也是为了她好。

“为了她好”？这是一个什么逻辑？而这位普通的家庭妇女，何以瞬间成为了杀人恶魔？

这只是卢旺达大屠杀中所有举刀向他人的胡图族人之一，还有无数与之一样的人，他们的大脑里似乎瞬间植根了一种奇怪的逻辑，认为杀人这种行为是无比正确的。可是，到底是什么样的力量，让这些原本平和善良的人瞬间变成了恶魔呢？

病理溯源

对于斯坦福监狱实验的结果，津巴多教授认为，这是多方面因素共同作用而引发的。在实验刚开始的时候，他作为实验主持者，拥有着绝对的权威，而他也运用了这种权威，将原本没有什么社会地位差别的被试分成了“好人”和“坏人”。而区分的界限便是狱警和囚犯。

囚犯是坏人，是社会的渣滓、败类，他们理应受到囚禁的惩罚，他们也不配有名字，只一个代号就行。但“好人”不同，他们被赋予了权力和武器。

当扮演狱警的被试穿上制服，拿起警棍，走进阴森森的监狱时，他们立刻就进入了角色，意识中弱化了自己原本的学生身份，而强化了此时此刻的狱警身份，因此他们认为，所做的事情需要和这身制服相匹配。

尽管没有学习过有关狱警管理监狱的系统知识，但他们最直接体会到的是有权力者和无权力者之间的两极化的差别，这种差别也让他们“无师自通”，学会了如何运用手中的权力去命令他人，甚至强迫他人。就像一个扮演狱警的被试事后所说的那样：“我看到这些囚犯就觉得恶心，看他们那肮脏的模样，我就觉得我有责任去教育他们，管束他们，让他们服从我的命令。”

相反，那些被剥夺权力的囚犯就显得很难进入角色了。他们只将此当作一个实验，而非真的坐牢，因此对于狱警的管理，他们起初的态度是反抗，努力维持着自己原来的身份，但很快他们就意识到，自己只能有两种回应的方式，要么反抗，要么顺从。选择前者，会遭到残酷的惩罚；而选择后者，则会尊严沦丧。

因为狱警们“入戏太深”，且不断给囚犯们强化这种身份极端差别的现状，到了实验的第三天，囚犯的扮演者们居然开始慢慢相信狱警的话，他们蹲在“号子”里，的确低人一等，且这种现状是无法改变的。

而且，“囚犯”们开始怀疑，这个实验的分组根本不是随机的，他们普遍认为，狱警的个子要比他们高。但实际上，所有参与实验的被试，平均身高是一样的，而分组的确是随机抽取的。

津巴多教授从这个实验中揭示出一个重要的事实，好人也会变成坏人，而且转变速度很快，变化也很彻底。他认为，这种变化与我们身上与生俱来的个性并没有太大关系，而是与当时的环境息息相关。

也就是说，人是环境动物，非常容易因为环境的变化而改变自己，这种改变并不是主观强制的改变，而恰恰是无意识的，甚至在改变之后，当事人都不会觉得自己发生了多么大的变化。这虽然是一个“顺理成章”的过程，但在一些情境下，却具备十足的危害性。

这就像心理学和社会学中一个非常重要的“从众效应”一样，一件事情，也许你一开始认为是错的，但当你发现，身边的大部分人都说它是对的时，你会慢慢开始怀疑自己的判断，最终改口，说它是对的。即便这个时候，你的心里还是会有一些疑虑，但你也会选择跟着大众的方向去走，因为潜意识里，你并不愿意成为那个“出头鸟”。

为此也能够解释在卢旺达大屠杀中，举刀杀人的胡图族人的所作所为。很多年后，当他们再度回忆往事，很多人对此都有着相似的解释：当别人都已经开始杀人了，自己不去杀人觉得过不去，而且如果自己这么另类的话，会不会也被同族人鄙视然后杀害？

由此可见，在那个时候，变成“坏人”是最顺理成章且简单易行的事情，伸张正义反而成了难事。

为此，津巴多教授提出了“情境影响”的概念，他认为在特定的情境中，人的性格会被影响，进而发生改变，而这种改变往往偏向于“由好变坏”。这并不是特例，大部分人都会或者说都容易发生这样的改变。

这个论断在我们平静地阅读时，显得是那么的匪夷所思。我相信大部分人心中都有明显的善恶是非观，也相信自己的道德判断足以约束自己的行为。即便有时候会有些踩线，但举起屠刀杀人之类的事情是绝不可能发生的。但是，不要太过自信，很多时候，正是那个你不了解的自己，做出了你自己都无法理解的事情。

人是环境动物，谁也无法脱离身边的环境而单独存在。那些离群索居，幽闭的人毕竟是特例，而大部分人都是生活在社会中，与人打交道，与环境相协调的，因此也不可避免地受到环境的影响。

其实还有很多我们不曾注意的小事，都能说明情境影响的存在。比如当护士按照医生的嘱咐给病人开药时，即便他们发现医生开了过重的剂量，也不会去反驳，医生所表现出的权威带给护士的信息是：绝对服从。因此，护士宁愿照方抓药，省点麻烦，也不愿意因为自己的怀疑而去挑战权威。

但这其中有一个最重要的问题需要探讨一下。

当一个“好人”变成“坏人”的时候，不可能在一瞬间就完全颠覆了自己的道德判断和底线，可是“变坏”的行为却在愈演愈烈，而到了最后，这些“变坏了的人”往往不认为自己是“坏人”，且能提出很多理由支持自己的想法。

那么，“邪恶”究竟是怎样入侵的呢？而个体又是如何慢慢地接受这种邪恶，并最终将黑说成白的呢？

在当年纳粹残忍屠杀犹太人的时候，在纳粹军营中有一个特殊的职业，叫做“纳粹医生”。这是一个特别颠覆的职业，让平时努力救人的医生来到集中营里用毒气和毒针杀人。

一开始，当纳粹医生进入集中营执行任务的时候，他们也感到很困惑，为什么自己被派到这里，不是解救集中营里那些受伤、重病、感染的苟延残喘的生命，而是让他们一个个痛苦地死去呢？命令他们的人，怎么能做出如此残忍的事情呢？

可是，当他们开始动手杀人，便也开始慢慢地给自己一些“说得过去”的理由，说白了，这就是自我欺骗，自我麻痹，他们安慰自己道：“反正一进入到集中营，就不再可能有机会出去了，看着他们在里面活得连牲口都不如，让他们死应该是帮他们解脱了，当他们到达天堂的时候，应该会幸福的。”

诸如此类的安慰不断地在纳粹医生的脑海中盘旋，渐渐变得合理，因此，屠杀也就不再是屠杀了，而成为了一个具有道义的任务。但这种合理并不是持续的，每执行一次任务，他们依然会受到内心道德的拷问，然后又用自我安慰的方式来战胜道德，这实际上是一种分裂。

用不断的分裂，来维持心理的平衡，因为分裂无法愈合，所以就需要拉扯更多的“合理解释”来安慰自己，慢慢地，一个正常的，有是非观、道德观的人，就失去了自由意志。

借用魔鬼撒旦的故事，这个心理变化的效应便被命名为“路西法效应”。

Chapter13 听不懂你的话，但知道你在撒谎

一阵奇怪的笑声从失语症病房传来，护士发现，他们在听里根总统的演讲，但是他们为什么会如此喧闹，甚而大笑不止呢？要知道，这可是美国总统的演讲，那是多么振奋人心，多么有说服力的讲话啊，这群失语症病人真的听得懂吗？他们到底在想些什么呢？

我的世界你不懂

众所周知，里根在成为总统之前，是一位相当出色的演员，能说会道，善于表演，因此演讲对他来说简直是小菜一碟，他的讲话形象、生动，十分具有说服力与感染力。对于大多数正常的美国人来说，聆听总统的演讲是件让人兴奋的事情，他们不但能够享受到观看一个高级演员“表演”的机会，而且还能从这位“草根”总统的身上找到最激励人心的成功故事。

打住……我们在这里可不是为了讨论里根总统的演讲究竟有多大魅力和水准的，那是关于口才的书本上需要重点关注的问题。我们想要知道的是，为什么当里根总统在带给大家如此“正能量”的演说时，那些失语症患者会如此不合时宜地奇怪窃笑呢？

一般来说，失语症患者很难听懂正常语言表达的意思，但是他们能够通过肢体语言了解到对方想跟他们说些什么，因此亲朋好友以及照看他们的护士，都会将他们当作正常人看待，因为沟通起来根本没有什么障碍。

他们虽然无法组织语言结构，但却能够通过人们整体流露出来的信

息捕捉到那些“言外之意”，然后据此推测对方正在说的话。虽然偶尔会有一些偏差，但大部分时候，我们无法仅从单纯的交流就判断出一个人患上了失语症。而且更重要的是，这一类病患因此衍生出了一项“特别的技能”。

究竟是什么呢？

让我们将视线转移回失语症病房，为什么这群病人在听到里根总统的演讲后古怪地大笑不止，异常喧闹呢？

答案很简单，他们发现总统又在说谎了！

什么！他们是怎么知道总统说谎的？难道凭借以往的经验，认为政治家从不说实话吗？当然不是，如果说这个世界有一类人能够精准地辨别谎言，那一定非失语症患者莫属。什么美剧《别对我说谎》，什么FBI的测谎仪那都弱爆了！

要知道，谎言是无法欺骗失语症患者的，因为他们根本听不懂你讲什么，也就无从判断真假。然而他们捕捉全方位信息的能力非常强，而且异常精准，极少出错。

我们知道，当人们在说话的时候通常都伴随有丰富的面部表情和肢体语言，一些人能够掩藏一部分真实的表情和肢体语言，但大部分人根本无法模仿和伪装，比如当人在说谎的时候，总会不自然地摸鼻子或者搅动手指，眼睛上扬等等。这个时候，即便谎言说得再天衣无缝，肢体语言和不相宜的表情都会出卖他。

原来，这些失语症患者之所以会发出奇奇怪怪的大笑声，完全是因为他们发现里根总统在说谎！

然而这一天，并不是所有人在听到里根演讲后都捧腹大笑，躲在角落的萨莎就显得面无表情。萨莎患病之前曾是一位英文老师，具有很强的分析和表达能力。在听里根演讲时，由于萨莎不能区分话语中的气愤、愉悦、悲伤等任何感情，所以只能专注于对方的面部表情、姿势以及动作，从中做出对里根的评价。由于失去了对声音携带的感情的理解，使得萨莎不容易受骗。

可是，她为什么没有笑呢？按理说，她应该比别的患者更能确定里根说了谎话。

但是不然，萨莎听着里根的演讲，一种奇怪的感觉出现了，并不是像其他失语症患者那样大笑，因为里根的演讲根本没有打动她。

“总统讲话没有说服力。”

“讲话水平一般?用词不当。他如果不是脑袋有问题，就是想隐瞒一些事情。”

萨莎告诉其他人，总统又在说谎了。

虽然其他失语症病人没有萨莎这样的“天赋”，但他们确信自己的总统在说一些言不由衷的话，继而又引起一阵喧闹的哄笑声。

深入探秘

失语症是由于特定脑区损伤而丧失产生语言或了解语言之能力。患者的发音功能属正常，但不能说出有意义的语言。失语症不包括由于意识障碍和普通的智力减退造成的语言症状，也不包括听觉、视觉、书写、发音等感觉和运动器官损害引起的语言、阅读和书写障碍。

某些失语症患者也许可以说话，但无法书写，反之亦然；也有些人可以唱歌，却无法说话。当然，很多失语症患者的症状并不严重，要想分清他们与普通人的区别，你需要像一个神经病学家那样，用不自然的方式说很长一段话，消除所有语言以外的线索，包括语音、语调、重音以及语气变化等，同时还要消除所有视觉线索，包括表情、手势、惯性动作与姿势等等。总之，你必须把一个人的全部特点都拿掉，只用完全人工的机械语言交流，才能确诊他是否患了失语症。

正是因为这些缺陷，让失语症患者能够轻易判断出一个人是否说了谎。里根总统的演讲，像其他政治家一样，充满了虚伪与谎言，普通人很难分辨，反而会被激情澎湃的演讲所鼓动，在选举中为他们投上一票。然而失语症患者，通过判断演讲人不合时宜的动作，扭曲的面部表情，声音的变化，包括语调的差别，节奏的波动，轻易判断出一个人是否在说谎。

美国马萨诸塞州综合医院的心理学家南西·埃特科夫博士曾经在英国《自然》杂志上发表过一篇文章，大意是自20世纪20年代起，人们就发现因中风、事故或肿瘤而脑部受损的失语症患者识别谎言的能力比常人强得多。

为了证明这一点，埃特科夫博士和她的同事做了一个实验，他们分别特意录制了一批录像带，镜头中的人有些讲真话，有些则说了谎，然后让四组失语症志愿者观看这些录像带。

结果显示，仅通过发言者的表情来判断，严重失语症患者识别谎言的准确率高达73%，而脑部轻度受伤但语言能力无碍的人及正常人的识别准确率只有50%左右。如果结合发言者的表情和语调来判断，严重失语症患者的判断准确率为60%，其他人则为45%。不过，如果仅通过语调来判断，失语症患者的表现并不突出。

综合实验结果，埃特科夫博士认为，一个可能的解释是，失语症患者不得不依靠非语言手段来与人沟通，因此对面部表情特别敏感。所以他们能够从表情的微妙变化中判断出对方是否在说谎。

在谎言泛滥成灾，而人们似乎已经司空见惯的今天，如果你想通过谎言达到某些目的，而面对的观众正巧有失语症患者的时候，建议你还是三思而后行吧，被当众戳穿一定是很没面子的事情。

病理溯源

1831年，在法国巴黎俾舍特尔精神病院里，住着一个怪人，他没有其他症状，只是无法说话，也不知道是因为什么原因住进了精神病院，而且一住就是30年。

直到1861年，这个病人因为患疽症而外出就医，当时的外科医生布洛卡接待了这位患者。布洛卡通过5天的细心检查，没有发现任何异常，病人喉部肌肉和发音器官都很正常，也没有其他瘫痪的症候可以防碍发音，而且他还很聪明，智商偏高，不应该说不出话。

就这样，病人在进行了相应的外科治疗后回到了精神病院，没想到，5天之后他就死了。布洛卡大惑不解，于是当天就对病人进行了尸检，结果发现病人左侧大脑半球额下回后方脑组织发生了病变，布洛卡就此大胆提出假设，认为大脑的这个部位可能与人的说话有关。

之后，布洛卡先后观察了20多个类似病例，其中19例都在上述相同的部位发生了病变，由此他得出结论：大脑半球额下回后方控制着人们的口语表达能力。为了纪念这一发现，人们也将此区域称为布洛卡氏区。布洛卡就此发表了重要论文，引起了人们对于失语症患者的关注，同时也成为神经语言学的创始人。

从这以后，大量科学家对失语症进行了研究，证明布洛卡氏区受到损伤以后，会出现运动性失语症，即表达言语方面出现障碍。受损害程度越大，语言表达能力越差，有些患者甚至连基本词汇都说不出来；反之，受损程度较轻的患者，能够发出个别语音，但无法连成完整的句子。

根据失语症患者的特点，他们的说话方式也被称为“电报式言语”，例如医生询问一个因中风而失语的患者的发病过程，他可能回答说：“早晨……醒……倒……不能动……”这是症状较轻的患者，医生完全可以猜出他想要表达的意思，他的回答就像发电报一样，大意是“早晨醒来之后就摔倒了，无法动弹”。

后来，科学家通过进一步研究，总结出了更多类型的失语症，比较常见的有：

运动性失语：主要表现为表达障碍。

感觉性失语：不能理解词语的意思，也不懂别人的话。

传导性失语：在表达方面，自发言语流畅，但用字发音不准，复述障碍与听理解障碍不成比例，患者能听懂的词和句却不能正确复述。读词均表现为错语。

完全性失语：语言功能受损严重，理解力丧失。

命名性失语：在自发言语中和视物命名时，有明显的找词困难，但言语是相对流利的。

丘脑性失语：患者说话中间型流畅，声调低，音量小，但音尚清。

混合性失语：无法诵读及写字，既听不懂也无法用语言表达。

Chapter14　抽搐到停不下来的A

A在很小的时候得了一种怪病，经常抽搐不止，根本停不下来，有点像人们常说的“弹弦子”，有时甚至说出猥琐的性言语。虽然A凭借着顽强的毅力努力生活，还娶到了媳妇，但每一次发病都令他人和自己深受伤害。在与妻子的性生活中，他经常因为过度兴奋而口出污言秽语，这让妻子难以接受，致使他的婚姻也出现了危机。A到底是怎么了？他得了什么病呢？

我的世界你不懂

A的人生可谓命运多舛，同时又是一个励志榜样，他在四五岁时就得了这种怪病，病情严重时每隔几分钟就会发作一次，身体不停抽搐，不熟悉的人会被他突如其来的举动吓得躲到一边。

尽管命运看起来如此不公，A却没有放弃抗争，他天资聪颖，性格坚毅，不但顺利完成了大学学业，还找到了工作，追求到了心爱的女人。不过，A的工作并不顺利，虽然他的能力突出，但是毫无征兆的发病让老板、同事和客户都无法忍受，再加上随之而来的暴躁脾气，无奈之下，A只能一次次地更换工作。

A的抽搐症不仅让自己，也让身边的人深受其害，他的妻子就是因为无法忍受其粗鲁的言行而多次提出离婚。因为有病，所以A像很多病人一样内心自卑，但是他凭借惊人的毅力赢得了正常人的一切，然而这无法掩盖他内心的自卑与暴躁，由于无处宣泄，他将这种情绪全部发泄到了妻子身上。

在与妻子同房过程中，A已经多次出现抽搐行为，这让妻子觉得十分恐怖，但又无可奈何。有时妻子正在兴头上，A却突然抽搐起来，顿时性趣全无。

激情过后往往是A最清醒也最正常的时刻，因为性兴奋结束之后，A处于平静状态，这段时间以及之后的熟睡过程都没有抽搐行为，A也经常利用这段时间努力挽救自己的婚姻，他诚恳地向妻子道歉，缓和彼此紧张的关系。可是每次道歉之后不久，他又故态重演，真真是让妻子伤透了心。

不过在生活中，A算得上是一个优秀的男人，他不但幽默风趣，而且反应非常灵敏。没有人的即兴表演能够赶上他那样精彩，而且在很多游戏和运动中，他都独占鳌头。快节奏的舞蹈更是无师自通，让很多人都慕名而来想要拜他为师。A最喜欢玩的一个游戏，就是快速通过很多酒店设置的旋转门，他对门越转越快的速度判断得非常精准，而且脚步也配合得十分默契，让站在旁边看的人仿佛进入了快进世界，张口咋舌，不用说，这让A有一种莫名的成就感。但是A先生自己知道，这一切都源于他自小的抽搐行为，以及伴随而来的神经兴奋。

A也曾试图通过治疗缓解病症，但是一直没有找到很好的解决方法，直到他无意中读到了一篇关于抽搐的论文，才知道自己患上了一种叫做“图雷特症”的疾病。

深入探秘

图雷特综合症是由法国医生图雷特（Gilles de la Tourette）发现并描述的，因此以他的名字命名。这是一种非常严重的抽动（tics）疾病，包括运动抽动、声音抽动以及综合抽动。

患者会在自身强烈的强迫下做出重复而突然的动作，或者发出声音，这种感觉就像是被动地打喷嚏而且停不下来，但抽搐结束后便会感到释然。通常情况下，患者能够进行部分的自控，减少抽搐行为的剧烈程度。

研究者起初认为患有图雷特综合症的人很少，因为这种奇怪的病症很容易和简单的抽搐或者癫痫混淆，因此最初简单的案例便是用了上述两种病的治疗方案，很显然没有做到对症下药。

该病症初发的平均年龄是7岁，晚至21岁，青少年时期表现最为严重，稍后开始逐渐缓和，但也有10%的患者会日益严重，如案例中的A先生。

那么如何诊断是否患有图雷特综合症呢？

标准包括：在18岁以前发病；有不断复发的，无法由意志控制的，快速的，盲目的影响大部分肌肉群的动作痉挛；一种或者多种声音痉挛；在一个阶段内，症状可能的严重程度可以有变化；症状持续一年以上。

当然，这些诊断标准并非绝对的，因人而异。图雷特症通过医学治疗，症状会有所减轻，但基本无法根治，大部分不由自主的抽搐不会给日常生活带来太大影响，但会影响儿童的社交能力和学习能力，并会因为周围环境而影响他们性格的形成。当然，A的情况则属于例外，已经非常严重地影响到正常生活。

图雷特综合症直到19世纪末期，才被深入研究和广泛报道，在此之前患有此类病症的人多被认作怪人，他们表现出一系列奇异的动作与念头：抽搐、痉挛、表情扭曲、行动乖张、污言秽语、性情暴躁、大吵大骂、无意识地模仿以及各种强迫行为。患有这些病症的人不被社会理解，被当作精神病一样对待。直到图雷特的第一份医学报告发表之后，在几年内就有好几百个相似病例被报道，这才引起了人们的重视。

图雷特综合症虽然引起了医学界的广泛重视，但真正走入大众视野还是依靠了视觉宣传的力量，随着很多介绍该病症的影片被搬上大荧幕，更多的人才认识到这种疾病。

如果有一天你走在街上，一个穿着时髦的女孩时不时全身抽搐，并不时吐出一连串脏字……你会不会被吓到，并感到十分吃惊，难以想象？如果你的朋友也存在这样的情况，你还会继续跟他交往吗？

德国导演安迪·罗根汉根就把这样一个抽搐症女孩搬上了大银幕。这部《我眼中的世界》让更多人认识到图雷特综合症。该片讲述的是17岁的Eva患有图雷特综合症，时不时的抽搐行为让她发疯，在无意识情况下冒出的脏话也让她无所适从，并因此毁掉了自己的人际关系。

在父亲失业后，Eva一次次努力地想要改善家庭经济状况，她做兼职，当歌手，甚至当小偷，却一次次遭遇更大的挫败。影片的结局像很多故事一样，Eva最终克服了疾病，掌控了自己的命运。然而，这毕竟是电影，现实生活中，真相往往更加残酷。

虽然患有图雷特综合症的患者能够控制自己的行为，在一定程度上减轻抽搐行为，但是这种疾病很难完全治愈，时不时地发作让人痛不欲生，你不知道什么情况就会抽搐不止，万一在车水马龙的街上会很危险；你也不知道什么时候会情绪失控，突然蹦出一连串脏字，让你的朋友逐渐离你远去……

这种痛苦是常人无法想象的，该片导演安迪·罗根汉根正是希望借助全社会的力量关注这部分患者。他介绍说，在德国，常住人口有8000多万，但是得这种疾病的患者不到3万。“在这部影片中，虽然表现了这样一种疾病，”他说：“但是，我并不希望大家把注意力放在病症上——事实上，这种病症依靠医生的力量几乎无法治愈，更需要的是社会的力量。”

图雷特综合症患者经常表现出情绪激动、本能失调等症状，其病源可能位于丘脑、丘脑下部、边缘系统与杏仁体这几个部位，而这些部位控制着人们的基本情感与直觉。

通俗来讲，图雷特综合症患者的身体不受意识控制，他们的大脑中存在过量的刺激神经传导物，特别是多巴胺。这种病无法通过药物治愈，很大程度上需要依靠患者的自控力，这绝不是轻而易举可以达成的，也不难想象这些病人面临的痛苦了。

30多年前，在美国有一个名叫亚当的小男孩得了这种病，当时加拿大有一种药对它有效，美国政府并没有批准这种药上市，于是亚当的医生就偷偷地从加拿大把这种药带了回来。反复几次之后，最终被发现并被没收。

亚当的母亲在绝望之余拨通了众议员亨利·韦克斯曼的电话，向他求助。从此，韦克斯曼开始越来越多地关注这类罕见疾病。由于这种疾病多发生于很小的时候，因此也被统称为孤儿病，在全世界，患有孤儿病的患者有很多，但是每一种的患者人数都很少，所以像图雷特综合症这样的疾病最初并没有得到足够重视。

由于患者较少，也就没有医疗公司愿意花费巨额资金投入研制这类药品，所以这些患者也只能自认倒霉了。在韦克斯曼议员的帮助下，可怜的小亚当现身说法，做了非常感人的演说，但没有引起人们的关注。最终还是依靠影视宣传的力量，在一部美剧中突出表现了孤儿病这个话题，结果反响巨大，终于引起了公众的注意。

1981年，韦克斯曼起草了《孤儿药物法案》，用经济利益来刺激医药行业开发孤儿药物。从此，孤儿病以及这个法案得到了前所未有的关注。1982年，法案通过。在该法案通过的20余年中，治疗该种疾病的药物由之前的几十种变为两三百种。

病理溯源

在图雷特的时代，他曾将大量的精力投入到对图雷特综合症的研究上来（当然那时候这种病还不叫这个名字），他认为，这样的症状是因为“原始的冲动和渴望难以控制造成的，当然也有生理上的原因。”即便不知道病源究竟是什么，但图雷特很肯定，这种病症属于神经性的失调。

由于历史和学科分支的原因，师从沙可的图雷特、弗洛伊德等，成为了最后一批将神经和精神合并在一起研究的专业人员，从那之后，研究方向被以“身体”和“灵魂”的方式分成了神经病学和心理学。前者没有灵魂，而后者则没有了身体。

这样的学科分支，使得原本就不清晰的图雷特综合症更是无人问津。在20世纪上半叶，无论是在神经病学界还是心理学界，均无一人对此进行深入研究。人们似乎还在努力收拾着一门庞大学科分成两半留下的各种问题，也或者，人们根本无法界定，这一种尚属罕见的病症到底属于哪个领域。

最为可笑的是，一些研究者已经注意到了这个病症，但由于患者在发病时具有丰富的想象力，他们居然认为这是一种神秘的现象。这不禁让人想起曾在20世纪20年代“红极一时”的“嗜睡症”，可惜在此后很长一段时间，对于这种病症的研究同样被人遗忘了。

在“被遗忘”这点上，图雷特综合症与嗜睡症均榜上有名，而且它们之间也有很多相似之处。因为二者在发作时看起来都非常奇怪，要么像是中了蛊，要么就给人一种患者是在伪装的感觉。即便相信他们是生病了，多半医生都无法确诊，当然也无法给出相应的药物。正因为如此，这两种病一直没有被纳入传统医疗的行业，“独居冷宫”，渐被人遗忘。

之所以旧事重提，将嗜睡症翻捡出来讲，除了它与图雷特综合症一样被人忽略甚久之外，还因为嗜睡症在发病初期，和图雷特综合症症状相似。患者看上去极端亢奋，说胡话，抽搐，而且强迫行为明显。过一段时间之后，情况又会完全颠倒过来，他们像被抽干了精气神的“游魂”一样，进入恍恍惚惚的睡眠状态。

这个世界上很多事情就是这样，当你关注它的时候，就会发现很多曾经被忽略掉的问题。当图雷特综合症渐渐解除“冰封”重新出现在人们眼前，那些神经科的专家们发现，原来这类患者并没有想象中的那样稀少。怎样能够更有效地帮助这类患者呢?

在积极者的努力下，图雷特症患者大联盟于1974年正式成立，随后，参与联盟的人越来越多，他们由患者、患者亲属、医生们以及一些社会学研究者组成。该联盟不但努力研究了患者的脑部病理结构、致病因素等，也一并探讨了患者的行为结构，还有他们与周围人相处时可能出现的冲突和矛盾。大联盟的努力为图雷特症研究史画上了浓墨重彩的一笔。

Chapter15 丢了左边的女人

“她的左边不见了，从此生命只剩下右边。”这句话听起来是不是惊悚味十足?

不要惊慌，我并不是在给你解读某个恐怖电影的剧本，而是在说一个人的“幻觉”。她叫艾玛，一个中风的女人，右脑严重受损，看不到左边的一切。她的左边丢了，生活也陷入了混乱。

我的世界你不懂

艾玛夫人在花甲之年患了一场重病——中风，而且非常严重，直接损害了她的右脑，从此艾玛的生活变得一团糟，但她仍像过去一样风趣幽默。

周日的病房阳光明媚，艾玛夫人醒来之后便打趣地说：“哦，苏珊护士，看来今天有人又忘了我的早餐。”

苏珊回头看了一眼，没精打采地说：“它们就在那儿，你的左边，亲爱的艾玛夫人。”艾玛夫人有些生气，以为护士在拿她开玩笑，因为她从没有意识向左看。

看到护士不再搭理她，无奈之下艾玛夫人只能微微转动身体，结果发现早餐就放在那里，她有些不好意思，解嘲地说道：“哟，原来在这儿呢，刚才还不在的啊。”随即一阵哈哈大笑，惹得病友和护士也跟着笑起来。

其实，艾玛夫人经常会出现这样的错误，只要她稍微转一下身体，就会看到丢失的左边，因为没受损伤的右半部分视觉区域可以看到放在右边的一切。只不过她自己没有意识，自从患了中风以后，艾玛夫人已经失去了“左边”的概念，为此闹出的笑话不在少数，幸亏她天性乐观幽默，化解了尴尬。

艾玛夫人的饭量不小，胖胖的躯体转动起来很费劲，这也是她不愿意挪动身体向左看一眼的原因。有一次，艾玛夫人饿坏了，看见放在眼前的午餐，右半边只放着煎蛋跟薯条，这让她心里十分不爽，想要抱怨却又觉得没有力气，于是带着怒气吃完了右边的食物，然后开始抱怨道：“医院的标准下降了，这么点食物根本就不够吃，我要投诉你们！”

这一次，护士根本没有理会，这让艾玛夫人更生气了。而她看到右边床位的病友哈哈大笑，左边也传来了嘲笑的声音，感觉非常奇怪，刚要质问他们，病友说道：“亲爱的艾玛，护士们知道您的饭量，不会少给你的，把盘子往右边挪一下。”

艾玛夫人照做了，结果发现盘子的左边还有意大利面跟两个香肠。“哇，还不错啊，我懒得搭理你们这帮精神病，我要继续享受我的午餐了，哈哈！”

这就是艾玛夫人，一个丢了左边的女人。渐渐地，她意识到自己的问题，想要努力克服这种情况。由于无法直接看向左边，也不能向左转，所以她就想到一个办法，就是一直往右转，整整转一圈，这样就可以找回丢失已久的左边了。

医护人员还为他设计了一张能旋转的轮椅，只要在她有意识的前提下，都能够轻松找到丢失的左半边。例如，当她又找不到自己的食物时，就会不停地转圈，直到发现她的咖啡和面包圈为止。当然，艾玛夫人永远吃不光盘子的食物，因为无论她怎么转圈，也会剩下左边的食物。每转一圈，艾玛夫人都会吃掉右边的食物，但左边总会剩下一点点，于是她继续转圈，继续吃掉右边的，直到左边的食物微小到看不见为止。

最初，艾玛夫人的滑稽动作会搞得病友们大笑不止，但是时间久了，病友们便开始同情她，不再嘲笑了。幸好艾玛夫人天性乐观，生气了就骂几句，开个玩笑也就过去了，从不会因此难过。

对于艾玛夫人来说，吃不到食物并非最痛苦的事，最让她难过的就是化妆这件事，毕竟每个女人都是爱美的，艾玛夫人也不例外，只是她每次化妆只能化半边脸。

每逢节日的时候，病房里的女人们就开始忙活起来，各个打扮得花枝招展，而艾玛夫人也和她们一样忙碌着，只是每一次她都提前化完妆，因为她的左脸永远都是素颜的。

面对护士的好意提醒，艾玛夫人每次都困惑地说："看到的地方都化妆了啊！？"当病友们就此嘲笑她时，乐观的艾玛再也笑不出来，听她自己说，她年轻的时候可是个美人，很多人追求她。

看到艾玛夫人痛哭的样子，病友们安静了，从此不再有人就此事跟她开玩笑，大家纷纷送上安慰的话语。

深入探秘

艾玛夫人的病症也被称为忽略症，是指对自身躯体或视野内物体的明显的不注意或感知反应发生障碍。在这种情况下，存在注意力和定向力的倾斜，这种障碍涉及到不同类型的感觉、运动和记忆力的方式，引起一系列临床表现。

单侧忽略症是一侧大脑的损伤引起的一组综合征，多见于右大脑的顶—枕—颞交界区的损伤。最常见的是脑血管病，也可见于脑外伤及脑肿瘤等。

赫德医生在342例偏瘫患者(218例右侧偏瘫，124例左侧偏瘫)的研究中发现，左侧偏瘫并没有视空间障碍和身体想象力障碍，与功能恢复差有关。

有一名妇女在公路上发生了严重的车祸被送进了医院，据交通调查报告显示，她的左半边车身直直地撞上了一侧山壁，如果不是安全气囊及时弹出，她也许早就命丧黄泉了。因为路面平坦，没有障碍物，也没有什么对头车经过，警察怀疑这名妇女是在嗑药之后危险驾驶导致的事故，可是尿检结果显示一切正常。当这名女士醒过来，一直强调她根本没有看到什么山壁。

经过医生的详细询问才知道，这名女士曾经中风，康复之后自我感觉对身体没有什么影响，因此没有持续治疗。医生怀疑，那次中风可能已经损害了她的大脑，使得她患上了半边忽略症，只是因为患者自己没有意识，所以并未引起任何人注意。这位妇女跟案例中提到的艾玛夫人的病症非常相似。

医师指出，一般的中风病患大多是左脑中风，左脑主导语言、听力等重要功能，因此左脑中风的病患复原情形较慢；而右脑中风的病患较少见，复原情况也较快速，但因右脑中风引发的半边忽略症则非常少见。

撞车的女士跟艾玛夫人所患病症类似，都是半边忽略症，她们都会将所有左边的事物完全忽略，因此，只会看到右手，只吃盘子中右侧的食物而忽视左边的，大部分时候显得眼神呆滞。

判定这类病患很容易，只需要让他们画图，如果病人只画右边而忽视左边的，就可以确诊。医师指出，这类病患须持续复健治疗，才能完全恢复正常行为功能。

半边忽略症只是因为大脑受损引发的多种忽略症之一，在脑神经学科中，还有很多不同类型的忽略症。

忽略症的种类可分为运动性忽略症、感觉性忽略症、偏侧空间忽略症、垂直型忽略症。

1.运动性忽略症

患者通常只用一只右手做事及做手势，而左手就像“闲置物品”一样被忘记；走路时患侧手臂不摆动或极少摆动，像半侧帕金森病患者一样；即便患侧手臂处于很不舒服的位置时，也会长时间保持不动。患侧下肢即便碰撞障碍物也没有反应；让患者独自穿鞋，通常只会选择穿健康一侧的而忽略患侧的那一只。

临床上单纯的运动性忽略症比较少见，常伴随一定程度的感觉性忽略症状，但总是运动障碍明显而感觉障碍轻微。

2.感觉性忽略症

感觉性忽略症又称作偏侧不注意，通常以感觉消退的形式表现出来，有些是体感性，有些是视觉性或听觉性的，患者对于来自病变侧的刺激无法定向，没有反应。

3.偏侧空间忽略症

也称为偏侧空间不注意或单侧视觉忽略症，偏侧空间忽略症常伴左侧同向性偏盲，表现为对一侧的事物，通常来说容易忽视左侧视野中的事物。例如，吃东西时看不到左边的食物，读书看报时只看到左边而忽视右边的内容。案例中的艾玛女士则属于此症状。

4.垂直性忽略症

患者看不清正前方物体的下半部，双侧性顶枕叶损害可出现垂直面的多型式性忽略症。

病理溯源

艾玛女士所患的怪病被称作偏侧空间忽略症，由于这种病症并不常见，因此这些患者常被当作精神病看待。在我们身边，也有这样的案例，张大爷在70多岁时突发性中风后，便得了这种“怪病”。从此，左边的世界从他的生活中彻底消失了。

一家人围坐在饭桌前吃晚饭，张大爷突然问：“小明哪去了，这么贪玩，赶快叫他回家吃饭。”一边的小孙子莫名其妙地看着爷爷，大声说道："爷爷，我在这呢啊！"

外出遛弯时，如果张大爷一个人闲逛，经常遇到危险，有一次他径直撞上了左侧的电线杆倒在了地上，幸亏被邻居看到送往医院。

喜欢看报的张大爷因为得了这种怪病，现在几乎不看报纸了，因为他只能读到右侧的内容。

老头的脾气越来越差，他被这种怪病折磨得不轻，而家人也深受其害。经过检查，医生说这种病属于单侧空间忽略症的中风后遗症，如果能得到有效的治疗，有半数人是可以痊愈的。

近年来，单侧空间忽略症发现率逐年升高，中风或脑损伤的病人中有近半数的患者都可能出现该症状，"这种病症不是怪病，更不是罕见病"。所以，如果生活中有人得了这种病，千万不要把他们当作怪人或精神病，只要通过有效治疗，50%的患者都可以痊愈。

Chapter16　同性之爱

一个周日的午后，正是安娜上钢琴课的时间。稀疏的鸟鸣，一切都显得那么平静。母亲午睡醒来之后，便洗好水果走上楼来，打算犒劳辛苦的钢琴老师和女儿，当她推开安娜屋门的那一刻，简直惊呆了，安娜正在与钢琴女老师缠绵，尺度之大令母亲不敢想象，谁都没有意识到站在门外的安娜母亲……

我的世界你不懂

安娜出生在一个中产阶级家庭，从小衣食无忧，快乐地生活着。作为家里最小的孩子，又是个女孩，自然受到全家人的宠爱。也因为娇生惯养，安娜从小就很淘气，甚至被老师看作野丫头，同学们都说她像个男孩。

日常生活中，安娜也喜欢跟男孩子玩，因为她觉得女孩子看起来都很娇气。五岁时，安娜有一天突然在晚饭时宣布：自己以后要当一个男孩子。当时，家里没有人注意，只是笑笑罢了。

随着安娜一天天长大，她的表现越来越像个绅士，她会主动帮助女孩子，还会主动帮妈妈提东西，甚至牵着妈妈的手引她上楼。在学校里，安娜已经成为女孩子中公认的领袖，受到尊敬，而且她还喜欢别人用男子名来称呼她。

这一切都让家人感到不解，但却没有引来更多的注意，直到妈妈发现了安娜与女教师之间的秘密，才引起警觉。最初，母亲带安娜来医院检查，没有发现性器官存在异样，的确是女儿身。后来，通过多方诊断，安娜被诊断出患有俄狄浦斯情结（即恋母不恋父），从此她便开始了一段为期两年的精神分析治疗。

虽然在治疗过程中安娜的心理、性格得到了成长，意志也更为坚强，但却始终无法改变其同性恋的性倾向，也无法改变她对父亲角色的深刻认同感。

最后，分析师得出结论，安娜的同性恋属于原发性的，也就是“结构性的同性恋”。既然“无药可救”，也就只能顺其自然。时间飞快地过着，转眼间安娜从一个小姑娘成为了一名大学生，刚进入校园的那段日子，安娜觉得很尴尬，因为其光鲜亮丽的外表引来了众多帅小伙的追求，可是她只能不厌其烦地婉拒这些人，劝他们罢手。直到一次聚会上，安娜被一名柔弱的女孩深深吸引，并有意识地靠近她，这才让那些男孩子彻底明白，放弃了狂热的追求。

在接下来的日子里，安娜一刻也没有停止过追逐那个女孩，就像一个情窦初开的小男孩，每天等在校门外，只为看心上人一眼。

而这个叫辛迪的女孩也对安娜很有感觉，从最初的欣赏变为依恋，渐渐地产生了爱意。在这段时间，安娜几乎像一个家长一样无微不至地照顾着辛迪，她会每天送花给辛迪，陪着她一起上学放学，还用家里的钱为辛迪租了一间公寓。可以说，安娜毫无保留地将一切寄托在辛迪身上，这也为她后来的悲剧埋下了伏笔。

安娜生命中最幸福的一段时光很快过去了，随着两人大学毕业，安娜托家人帮助辛迪找到了一份工作，而两人也开始同居。开始的日子像往常一样充满爱意，安娜尝试像个男人一样与亲爱的女孩做爱，但是经过多次尝试后都失败了，心灰意冷的安娜在阳台上不停地抽着烟。

虽然辛迪表面上并不在乎，还故意安慰她，但是安娜很清楚这种隔阂难以弥补，她痛苦极了。渐渐地，安娜开始感到害怕，她怕失去辛迪，她怕辛迪会爱上男人。

时间又过了半年，安娜的顾虑真的发生了，她的哥哥因为工作原因来到了她们所在的城市，并经常过来看望安娜，逐渐与辛迪熟识起来。早已产生倦意的辛迪看到阳光帅气的大男孩感到很兴奋，这也让安娜妒火中烧。

为此，安娜跟哥哥经常发生激烈的争吵，但显然哥哥也对辛迪很有意思，安娜甚至一度想要杀了自己的哥哥。痛苦的日子一天天继续着，终于安娜摊牌了，她告诉辛迪，让她在自己与哥哥之间做出选择。

辛迪很痛苦，她对安娜说："安娜，我很喜欢你，可是你却给不了我一个孩子，我是多么想要一个自己的宝宝啊。我也爱你的哥哥，我真的很痛苦。"

安娜听完感到很绝望，她留下了一封信便走了。

深入探秘

这份同性之爱最终由于身体的局限而以悲剧告终，但是安娜却比很多同性恋患者幸运，至少她曾经拥有了美好的爱情，虽然时光短暂，却成为了永恒。

安娜的情况可以归为一种"性倒错"，其女性性器官阻碍了她与情人的结合。安娜与辛迪的爱恋完全是精神上的，无法达到肉体与灵魂的完美结合。虽然经过了多种尝试，但最终还是失败了。

现实生活中，同性恋者饱受世俗的责难，异常痛苦。导演李安曾拍摄过一部影片叫做《断臂山》，在当时引起了很大反响，故事讲的是年轻的牛仔杰克·特维斯特与恩尼斯·德尔玛因同为牧场主打工而相识，杰克比较健谈，而恩尼斯自幼父母双亡，性格内向寡言。

两个人在断臂山深处放牧，工作单调而枯燥，供两人栖身的帐篷狭小得只能睡下一人，另一人不得不睡在露天篝火旁，起初二人各自放羊，少有交流。

直到一天夜里，天气十分寒冷，两人喝酒取暖，他们都喝多了，于是便挤在帐篷里睡觉，在酒精与荷尔蒙的作用下，他们之间发生了“不该发生的事”。结果，这两个寂寞的大男孩相爱了，共同度过了一段美好的时光。

随着季节性放牧工作的结束以及世俗的压力，两个人不得不各自踏上新的旅途。多年以后，他们都相继结婚，杰克成为了骑术高超的竞技牛仔，恩尼斯则继续在牧场工作，过着平凡清苦的日子。

虽然双方都组建了家庭，但是内心的真实情感却无处发泄，又是四年过去了，饱受相思之苦的杰克正巧要路过恩尼斯所在地方，于是相约见上一面。重逢后的两人深情拥吻，当年的幸福时光仿佛一下子又回来了。

在随后的十几年中，他们都会定期相聚，但是一方面让深知真相的妻子痛苦不堪，一方面来自世俗的偏见让他们活得很辛苦。尽管如此，两个人仍然希望以这样的方式厮守终身，结果却因为杰克的意外身亡而落空。

这场同性之爱再次以悲剧结尾，双方爱得炽烈却始终逃不出世俗的魔掌。虽然只是一部电影，但在现实生活中，这样的示例绝非少数，同性恋们不被人们理解，所面临的压力是普通人无法理解的。

在现代社会，同性恋似乎越来越公开化，“同志酒吧”“同性恋聚集地”、还有一些支持同性之恋的组织，甚至有的国家已经接受了同性行为，允许同性恋结婚。比如在电影《北京遇上西雅图》中，就有一对同性恋的女子，她们相爱结婚，并且花钱借用了一个男人的精子而生了“属于她们俩”的孩子……

然而我们今天需要讨论的，并不只是简单的同性之爱以及同性的婚姻问题。自古异性相吸是自然法则，因为唯有这样的搭配才能够繁衍后代，使得物种继续繁衍。但到了人类这种高级动物身上，却演变出了不同的形态。

尽管同性之爱已经被越来越多的人理解和接受，但我们依然想去了解一下，究竟是怎样的原因，让原本该尊崇自然规律的人类选择了“反其道而行之”？

1985年，美国著名的心理学博士杰·托马斯（Jay Thomas）正式将自己变成了珍妮·托马斯（Jayne Thomas）。他这一举动并不只是姓名的更改，而是连他的性别都从男性变成了女性。这一年，珍妮·托马斯四十岁，她说，这一天她已经等了很久了。

在珍妮·托马斯的前半生（那个时候还是应该叫他Jay Thomas）他一直觉得自己的灵魂寄居在一个陌生的身体里面，他不应该是一个浑身毛发，长有喉结，说话粗声粗气，还有一个可笑的阴茎的男性，而应该是一个女人。

尽管他在学校的成绩非常优秀，并在毕业之后努力找到了好工作，先后有过两段婚姻且都育有下一代。但这种困扰始终在他心底深处。直到四十岁的时候，他才决定，一定要正视自己的性别问题。

于是，杰从“他”变成了“她”。她开始试着挑战双重身份，拥有女人的外貌和内心，但同时也拥有作为男人的经历。她开始更多地投入到社会对于性别歧视，以及对于“变性人”的好奇心理的研究上来。

珍妮自己即可作为最佳的研究对象，她认为，这个世界上绝大多数人的性别身份（即作为男性或者女性的一种心理感觉）和他们的解剖性别是一致的。就比如当我在母亲子宫里时，医生就已经告诉母亲我是一个女孩，当我出生时，身理上的各种特征也绝对证明了我是一个女性，我用女性的身份长大，并且百分之百认同这个身份。

但有一部分人却存在着“性别身份障碍”，俗称“易性癖”。他们的性别身份与他们的解剖性别有很大的冲突，这种感觉就像一个人包裹在并不属于他的身份底下生活一样。

对此，Jayne Thomas提出了一些性别身份障碍的临床特征：

第一，对于另一性有着强烈且持久的认同感。比如反复强调自己想成为另一种性别；或者喜欢穿有另一种性别特征的衣服；即便在游戏中也非常喜欢扮演另一性别；喜欢和很多异性凑在一起，且不会用自己性别的特质去吸引对方。

第二，对于他们自己的解剖性别一直感觉不舒服。比如男性会常常抱怨自己为什么要站着小便，为什么会有奇怪的生殖器等等。

第三，其实身体并不存在“雌雄同体”的特性，但患者却时常渴望自己长出另一性的典型器官。

第四，这些强烈的感受已经影响到了患者的工作、学习和正常的社交等重要领域的功能。

Jayne Thomas指出，患有易性癖的人，往往在青少年时期就表现出端倪了，有的甚至表现明显，然而这些往往不容易引起监护人的注意。

就比如我们前面所说的安娜，如果不是因为母亲当场撞见了她与钢琴老师在亲热，也许永远都只会觉得女儿不过有些“男孩性格”。可当他们真正引起注意并试图矫正女儿的性取向的时候，发现为时已晚，因为安娜的心理发展已经趋近成熟，她有了自己的执念，也有了对自己“成为另一性”的强烈认同。

病理溯源

同性恋一词是由一名德国医生班克特（Benkert）于1869年创造的，这个词描述的是，对异性人士不能做出性反应，却被自己同性别的人所吸引。今天，同性恋一词指的是“对自身性别成员基本的或绝对的吸引”。

不过今天我们在这里要探讨的并非同性恋的定义，而是更深入地讲述这性别身份障碍。研究显示，很多易性癖患者在童年时就有一些典型的表现，比如对服装和玩具的跨性别的喜好。

心理动力学理论家在研究易性癖成因的时候，比较关注的是亲子关系。那些与母亲关系比较亲密，或者父亲角色缺失的男孩比较容易对女性产生强烈的身份认同，而向着自己期望的角色转换；而那些拥有强势的父亲，柔弱母亲的女孩，则更容易对父亲的性别产生认同感，觉得自己是个“男孩子”。

而学习理论家则认为，对于那些父亲角色缺失的男孩来说，没有一个好的学习对象，是他们产生易性癖的原因。而很多女孩子之所以会形成易性癖的心理问题，与家庭教育不无关系，那些喜欢让自己的孩子穿中性或异性衣服的家庭，更容易让孩子产生性别倒错感。

当监护人忽略了孩子的心理健康教育，以及心态发展变化时，或许就会出现这样那样意想不到的问题。尽管在这里我们并不评价一份成熟的同性之爱的可行性，但不得不承认，这样的“爱情”毕竟违反了自然规律，也为传统社会所排斥。

Chapter17　灵肉分离

灵魂与肉体分离？听起来神乎其神的事情怎么可能出现在现实生活中。然而，莎拉做了一个古怪的噩梦，发现灵肉分离的恐怖情景真实地发生在自己身上……

我的世界你不懂

莎拉今年29岁，喜欢运动的她身体健硕，平时很少得病，她的生活充实而快乐，直到一次严重的腹痛之后，这一切都改变了。

最初，医生确定她有胆结石，并建议她切除胆囊。本来就是个小手术，莎拉毫不在意。手术前几天，莎拉住进医院，并接受预防细菌的抗生素注射。莎拉一点都不紧张，她知道这只是例行程序，必要的预防措施而已，从来也没想过会出现什么并发症。

就在手术前一天，从来不喜欢幻想，平时也很少做梦的莎拉却经历了一场古怪的噩梦。在梦里，她剧烈地晃动着，就像是发生了地震，她根本站不稳，感觉好像悬空了一样，双脚无法接触到地板。她的手臂来回摇摆，拿不住任何东西。她头晕目眩，像是一头要栽倒了，而这栽下去，似乎就会离开地球，被抛到陌生的外太空……

没有魔鬼，没有死神，也没有那些怪异的形象或语言，整个梦境里就只有莎拉一个人，可是这种感觉却非常难受，像是缺失、迷幻、眩晕等。

醒来后的几个小时，莎拉非常痛苦，她的表情有些扭曲，但又说不清楚自己到底怎么了。她无法描述自己的梦境，只是一个劲儿地重复，

“真的太可怕了，太可怕了……”

家人发现她从来没有这样焦虑过，于是带她来看精神科医生。“这是手术前的焦虑，很正常，我们见得多了。”医生漫不经心地说道。

当晚，莎拉没有再重复同样的噩梦，因为恐怖的情景成真了。莎拉发现自己的双脚真的站不稳了，晃来晃去，手也拿不住东西。

这次，精神科医生也感到困惑，不一会从他的嘴中蹦出了一个词：“焦虑性的歇斯底里，”他用一种不屑的口气断言说，“典型的转化症，这样的事情常有。”

第二天手术时，莎拉的情况更糟了：她根本站不起来了，只有死死地盯着自己的脚才能起身；她的手晃动得厉害，什么都拿不住，只有用眼睛盯着双手才可以停止晃动。莎拉很努力地进行尝试，她试着自己进食，结果要么够不到食物，要么把食物抖落一地。有时，她竟然将食物塞向嘴巴的旁边，偏得离谱。

莎拉感到自己的身体失去控制了，似乎丧失了协调功能，她焦急地想要站起来，但却发现站都站不起来了。

莎拉瘫倒在那，她的情绪糟糕透了，目光呆滞，声音嘶哑。不一会儿，莎拉开始念叨着：“太恐怖了，噩梦发生了，发生在我身上了……我的灵魂和身体分开了。”

当她说完最后一句话，所有人都被吓住了，感觉这一切那么真实，因为莎拉连声音都变了，根本不是平时那个温柔的女声，而变成了一种，没有性别特征，也没有灵魂的空洞的声音……

莎拉到底怎么了？灵魂和肉体分家了？这怎么可能，所有人都看着她，除了双手发抖，站不起来，并没有其他症状。难道是莎拉疯了吗？

家人感到困惑不已，但更多的是恐惧，而莎拉更惨，她整个人都崩溃了，她意识不到来回摆动的双手，意识不到方向偏离。在医生看来，莎拉的声音和动作的控制系统就像是彻底崩溃，神经末梢接收不到任何信息。

医院的专家们从未见过这样的现象，而莎拉则一直重复着“我的身体与灵魂分离了”，不仅吓坏了家人，也让医生们更为困惑了，没人能够想象莎拉此刻正饱受着怎样的精神折磨。

深入探秘

莎拉到底怎么了，在医生们一系列测试之后，病情的脉络逐渐清晰。一位精神科医生说，看起来这是一种深度的本体感受缺失症，从脚尖到头部，全身都是如此。很显然，莎拉患了歇斯底里症，但还伴有其他并发症，而这一切都是我们未曾经历过的。

为此，医院找来了一位物理治疗师，通过一番全面检查，治疗师说道：“太不可思议了，我以前从没遇见过或听说过这样的病症，病人已经失去了全部的本体感受，对刚才的一系列测试毫无知觉。此外，病人其他方面的感觉形态也有轻微的损伤。”

到此为止，还是没有查出具体病因。而此刻莎拉正饱受着痛苦的煎熬，她一动不动地躺在床上，没有一点生气。

会诊过后，专家们终于得出结论，莎拉患了一种急性多发性神经炎，是一种很特殊的炎症。当莎拉得知这一切之后，直截了当地问道：“我还能好起来吗？”

没人知道答案，因为这种病症非常少见，很多医生甚至从来都没有听说过，更不要说短期内寻找有效的治疗方法了。莎拉很清楚大家的回答只是为了安慰自己。

莎拉患病后的一个月内，就像是一滩泥一样倒在那里，她的身体彻底死掉了，就像她说的那样“灵肉分离了”。这是一种极其痛苦的感受，自己无法控制身体，感觉不到它们的存在，这种灵魂与肉体分离的痛苦，没有经历过的人根本无法感受。

通过治疗，莎拉渐渐恢复了基本生活能力，但是这种灵肉分离的感觉却无法消散。幸亏莎拉天性乐观，如果是一个消极悲观的家伙，很可能早就自杀了。

莎拉努力地生活着，但却没有人理解她，每次痛苦而笨拙地爬上公交车，她得到的往往是司机的吼叫：“女士，你是不是喝醉了？”莎拉又能说什么呢，去解释这种连医生都没见过的疾病吗？告诉司机，“不好意思，我灵肉分离了”？每一次，莎拉都默默忍受着，让本来就灰暗的生活更加艰难。

很多时候，莎拉都会莫名其妙地大哭起来，不止是人们的误解，更源于失去感觉的痛苦，她经常说：“要是我有感觉就好了！”“但我忘了那是什么感觉……那时我还跟你们一样，是个正常人。”

莎拉边哭边说，她的悲惨遭遇也让整个家庭失去了往日的欢笑。

病理溯源

虽然我们一再用“灵肉分离”来形容莎拉的病患，但其实这只是一个通俗的说法，在这一章节，我们并不是要讨论灵魂的存在以及其所能爆发的力量的。

实际上，莎拉所患的病应该被叫做“感觉中枢神经病变”，是一种神经性的疾病。

我们的中枢神经系统是由大脑和脊髓组成的，这是我们身体神经系统的主体部分。它主要负责接收来自身体各部分的信息，然后再进行整合加工，然后转化为信息传输出去，或者直接储存在中枢神经系统的内部，建立起学习和记忆的神经基础。

而莎拉的这一套系统则已经遭到了破坏，她的症状，集意识障碍、感知觉障碍和运动障碍为一体，情况非常复杂。但她又和那些脊髓受损伤的人不同。那一类患者，从脊髓到大脑的联接已经被切断了，因此他们根本无法再动用自己的肢体，形成了瘫痪。可是莎拉并没有完全瘫痪，她可以走路，只是无法自己控制着来走路。

从这个角度来看，她与我们前面所介绍过的某一病症相似，那就是失去了“本体感受”，她身体内负责将信息传入大脑的那些神经发炎了，因此信息阻滞在这里无法传入，她认识自己的存在感也因此被剥夺。

尽管莎拉很努力地在进行着自我恢复，而且从某种程度上来说，她的操控很成功。这无不体现了她的勇气、坚韧和不屈不挠。但是，她也是一个失败者，因为她彻底丢失了那唯一能够令她感受到自己身体存在的“第六感”。

八年之后，莎拉的情况并没有多少好转，虽然她可以机械地完成日常生活所需的动作步骤，但这是在外力的辅助下进行的，就像给一台电脑设计好了某些程序，电脑就按部就班地一步步执行，整个过程没有任何的感情色彩。莎拉正是如此，她感觉不到这些东西，她只知道自己必须要完成。

比如早晨起床，她很努力地把家人准备好放在床边的衣服穿上，她需要集中精神盯着衣服，然后调动自己的双手展开衣服，撑起来，很努力地往头的方向套。可是这些机械的东西完全无法唤起她的感觉，她既感受不到衣服已经接近脑袋了，也感觉不到这件衣服穿上身是紧了还是松了。

唯一让她轻松的时刻是坐着敞篷车兜风的时候，她能够轻微地感觉到微风拂面，皮肤有一点凉意。这种常人根本不会注意的细节竟然成为了莎拉最为奢侈的享受。

医生们经过多年研究发现，维生素B6会破坏感觉中枢神经末梢，引起神经炎症进而引发神经性的病变。而在莎拉之后，竟然越来越多地出现了这种“灵肉分离”的患者，以女性居多。而她们都有一个共同的特征，喜欢服食维生素丸来代替正常的饮食。这些所谓的“养生专家”最后竟然被自己的“养生”所害。

和莎拉不同的是，这些病患中的大部分人在停止服用维生素B6之后，灵肉分离的症状都得到了改善。

专题2：扒一扒各类“性欲倒错”

在影视作品中，涉及到那些所谓的“性变态”者的故事，似乎总是充满阴暗的调调但又格外吸引人的眼光，在他们“猥琐”的心态之下好像又藏着一些不为人知的痛苦和无奈。一个所谓的“变态”真的就那么十恶不赦吗？我认为不是。潜藏在行为下面的心理机制才是真正促使他们做出一些异于常人的行为的真正原因，今天我们就来“八卦”一下所谓性变态的种种吧。

在心理学上，“性变态”可以用“性欲倒错”这一术语来解释。这个词根源于希腊词根para，是“倒向一边”的意思，非常贴切地形容了这一类型人群性取向的各种非常规的“倒向”。

露阴癖

麦克莱恩是一个26岁的英俊男子，已经结婚了，并且和妻子育有一个三岁的女儿。他没有什么正式的工作，每天都要为下个月的房租发愁。因为在他16岁至26岁的十年间，几乎都是在入狱、服刑、出狱的循环中度过的，可是随着女儿渐渐长大，他不愿再过这种日子，不想给女儿的人生留下阴影。

麦克莱恩屡屡入狱的原因非抢非杀，而是一个奇怪的癖好——露阴癖。据他自己描述，其实他和妻子的性生活非常协调，但总觉得没有“那件事情”那么刺激。所谓的那件事情，便是他的奇怪癖好。他喜欢找那些苗条的，年龄看起来在18岁以下的女孩儿作为对象，开车尾随，然后在适当的时候喊住她们问路，并向其裸露下体。

他的侵犯程度只是这样，他甚至从未想过要和那些女孩发生点什么。他只是喜欢从她们脸上看到那种表情，“这时候我觉得自己像一个真正的男人，你知道，看到那种表情，来自一个女孩儿，而不是女人的表情。这正是我所追求的。”

这是怎样一种古怪的心态？外表看上去谦逊有礼、俊朗有加的麦克莱恩何以如此“下流”？

让我们一起回溯他的童年。

麦克莱恩从来没有见过自己的父亲，因为他只是父亲和母亲一夜情的产物。从他出生的时候起，母亲就几乎没有清醒着回家的时候，每天都是喝到酩酊大醉。而他也因为母亲无力抚养而辗转于寄养家庭间。

没有一个好的教育模式，也没有谁珍视过这些寄养孩子的存在和价值，他们几个同龄人厮混在一起，10岁就有了懵懂的性生活。那时他会和同伴一起，强迫邻居家的女孩和他们进行性游戏。当他从懵懂的小女孩眼中看到错愕的表情时，会突然萌生出自信的感觉。这就是童年留给他的东西，也是他日后变成露阴癖患者的真正原因所在。

几乎所有被诊断为有露阴癖的人都是男性，他们中的大部分希望通过裸露自己的性器官来刺激那些毫无戒备的女性，并从对方惊恐的反应中找到快感，他们没有谁是真正地想要展示自己身体的魅力，或者说，没有谁是自信到认为自己身体很有魅力而需要通过这种极端的方式来展示的。

有研究者认为，露阴癖者很可能是在间接地表达自己对女性的敌视，也许他们曾被女性深深伤害，或者童年时没有得到母亲的重视。这类人性格多半很内向，害羞，缺乏正常的社会交往，也没有固定的工作，骨子里面非常自卑。而通过这样的方式去“骚扰”受害者，当受害者惊恐地逃离时，他们会感觉自己终于掌握了主动的局面，因而变得亢奋和自信。

异装癖

马特是一位55岁的管道工人，长得很粗犷，性格也算得上是开朗。不过他却有一个不为人知的小毛病，喜欢穿女性的衣服。这种感觉让他疯狂，甚至有时候，他会光明正大地穿着女性的衣服出门。

但是，他毕竟是一个社会人，而且因为技术不错，在周边知名度很高，他必须注意影响。

在家里，妻子知道他这个癖好，却无从改变。他喜欢穿着妻子的内衣来自慰，这是妻子不能容忍的。然而夫妻之间的性生活并没有任何问题，而且感情也很好，妻子并不打算因为这个原因就选择离开马特。不过她还是告诉马特，这么做真的很恶心。

有一次，马特依然选择穿着妻子的性感内衣满足自己的性幻想，却差点被16岁的女儿撞见。夫妻俩感到心有余悸，妻子决定和马特一起去向心理医师求助。

经过几次咨询，马特敞开了心扉。他说，他生长在一个只有女性的家庭中，没有父爱，只有肥胖的母亲和五个姐姐。从小，他们一家挤在肮脏狭窄的房间中生活，每每进卫生间，都挂满了各式各样女性的内衣。

他十多岁的时候，就开始对着这些内衣手淫，后来觉得不刺激，便偷偷将它们穿在身上。当这种属于异性的衣服穿在自己身上时，马特会有一种异样的兴奋感，他完全抗拒不了这种诱惑。他记得有一次，当他偷偷穿着姐姐的内裤在房间内照镜子的时候，被一个姐姐撞了个正着。姐姐尖叫着，骂他是“渣滓”，而他竟然亢奋得有些癫狂了，当着姐姐的面就开始手淫……那是他记忆中最兴奋也是最完美的一次自慰行为。

马特不觉得穿着异性内衣手淫有任何错误，这只是他满足自身的一种方式而已，他也不打算要改变这个行为，即便会影响到婚姻。

马特的妻子对他表示了最大程度的理解和宽容，她唯一的要求就是马特将自己的异装癖完全“分离”出去。即“自己进行”，不用跟谁打招呼，也不用专门来找妻子借内衣等等。

几个月后，马特的妻子走进了咨询室，她表示，这几个月来轻松了很多。马特不再要求她对这些事情保密，因为马特会挑选合适的时机自己去满足自己的癖好。不去看不去想对妻子来说或许是最好的处理方式了。

在很多的影视作品中都出现过异装癖，他们穿着女性的紧身裙子，高跟鞋，黑丝袜，戴假发，浓妆艳抹。如果不说话，有的人乍眼看上去还真像女人。这些人多半是同性恋，并在同性关系中扮演女性的角色。但这并不是异装癖的全部。

实际上，大多数异装癖的男性都是性取向正常的人，他们有家庭或者固定的女朋友。而他们喜欢穿着异性的服装是需要通过这些衣物来挑起幻想，满足额外的性需求。比如他们会幻想正在爱抚一个性感的女性，或通过穿着女性内衣来想象自己就是一个丰满的女人。于外人而言，异装癖的这种小爱好几乎不会被人发现，他们也不会试图骚扰或者攻击他人，他们更愿意沉醉在自己的世界里。

恋童癖

恋童癖这个词来源于古希腊的一个词“paidos”，意思为儿童。拥有这类癖好的人拥有一个显著的特征就是对儿童怀有周期性的、很迫切的性幻想和欲望，并且具有持续性。临床诊断的标准为周期性和持续性。有的人因为好奇可能会突发奇想地去“骚扰”儿童，这样并不构成恋童癖，但同样会对被骚扰者造成伤害。

在很多人的印象中，那些迷恋孩童的“变态”，似乎就是那些穿着脏兮兮的衣服徘徊在学校门口的“又脏又老的人”，其实不然，很多恋童癖都是中年男子，他们有一定的社会地位和身份，也有自己的家庭和孩子。但他们依然会为了满足内心奇怪的渴望而去“骚扰”邻居或者亲戚的孩子。

有的恋童癖只是喜欢接近孩童，爱抚他们未成年的身体，或者将自己的器官暴露于孩童面前，引导他们去接触。这类人往往打着“教育”的旗号，让分不清真相的孩童满足他们变态的心理。

而有一部分恋童癖情节则更加严重，他们会性侵孩童，给孩子造成不可避免的心灵伤害以及身体伤害。

正常人为什么会成为恋童癖？这个过程是非常复杂的，有一些案例显示，恋童癖通常是一些害羞的，没有合适社会地位的，软弱的男人。他们在处理成人间的人际关系时出现了很多问题，转而从孩童身上来寻找某种满足感。另外，这也可能和儿童时期的性经历有关，比如有的人在童年时也曾遭遇过性侵，这种伤害没有得到及时的弥补和矫正，最后将自己也发展成为了恋童癖。

在美国，每年几乎有五万儿童遭遇性侵害、性虐待，而那些伤害他们的人往往不是陌生人，而是身边的长辈、父母的朋友或者邻居等等，这些人在取得了孩童的信任之后，却利用这种信任去伤害儿童。最让人心痛的是，儿童在年少时期受到伤害的阴影，很可能伴随他们一辈子，左右他们人格的形成和对事物的判断。这是需要引起社会更多关注的原因之一。

性受虐癖

澳大利亚有一个著名的小说家名叫利奥波德·萨克·莫索克（Ritter Leopoldvon Sacher Masoch），这位先生的小说一直处在争议的风口浪尖之上，近百年来都没有消停过，因为他的小说主题总是离不开那些通过被女性虐待而找到性快感的男性。“性受虐癖”这一个词也是从他的小说中得来的。

所谓性受虐癖，相信不用多解释了，指的就是那些需要通过被虐待而达到性高潮或者满足性幻想的一类人。他们多半喜欢被捆绑，被鞭打，被侮辱，总之就是怎么变态怎么来，而在这种刺激自尊，又刺激疼痛神经的过程中，他们会获得难以想象的满足感。

大部分的性受虐癖都表示，这种快感和满足感，无法单纯地通过幻想来达到。我的意思是，如果他们只是躺在床上闭着眼睛想象着自己被鞭打，似乎完全不过瘾，必须来真格的，必须切身地体会到疼痛和屈辱，才能从另一个角度找到快感。比如面前的异性一边狠狠抽打自己，一边用污秽不堪的语言谩骂自己，而且一定要咬牙切齿面露凶光，要是透露出点柔情或不舍，就不好玩儿了……这是不是有点“越惨越舒服”的感觉啊？

而此类患者通常为男性，而配合他们的人一般是一次性买断的妓女，或者和他们有契合癖好的情人或妻子，但由妻子来担任这个角色的情况真是少之又少。在电影《银行大劫案》中，藏在银行保险柜里面不便公开的照片中，不是有军队高层领导人逛夜店找妓女来鞭打自己的裸露“写真”吗？

在20世纪的美国，一些性受虐癖患者想出了更加新奇的“玩法”，心理学上将其称之为“缺氧性受虐癖”，具体就是通过使自己窒息，进入大脑短暂性缺氧的状态，从那“片刻的眩晕”中找到无与伦比的快感。看着这文字描述似乎觉得挺新鲜刺激的，但远不是那么回事儿。正常人谁整天想着如何让自己缺氧，或者找个女人努力把自己往死里掐啊？

虽然很多人都能够保证在自己失去意识之前停止这种受虐，但也有不少意外发生，因为时间控制不好而导致患者窒息而死的情况也时有发生。

性施虐癖

有性受虐癖，当然就有性施虐癖，好巧不巧，这个名称也是因为一个小说家而来，他就是18世纪法国臭名昭著的萨德侯爵（Marquis de

Sade），这位先生和上一位不同，他总爱描述那些通过虐待别人而获得快感的故事，并且把施加痛苦、欺凌别人的场景描写得淋漓尽致。

性施虐癖也是具有周期性的，这类人需要的是通过给他人造成痛苦来完成自己的性唤起。当别人表现得越痛苦，越难以承受，他们就会越兴奋，直至达到高潮。

这样看起来，性受虐癖和性施虐癖倒是互补的，两者一起配合倒不失为一个好办法。但实际上并非如此，虽然正常人在潜意识里面都或多或少拥有一些受虐或者施虐的欲望，但这种欲望是可以通过理智来压制的，也可以仅仅通过头脑中的幻想来进行性唤醒，不需要通过真实的“虐待”来展开。可是这类患者却无法采用正常的唤醒机制，他们必须“实操”，才能有找到快感的可能。

和性受虐癖有所不同的是，性施虐癖患者多具有攻击性，因为他们意在让别人感到痛苦，当然他们多半不会在街上攻击陌生人，或者跟踪尾随再虐待杀害等等（那只是少数的变态杀手），但是，他们很可能在面对发生性关系的对象时，无法抑制地出现施虐行为。也许对妻子他们可以克制，但这种冲动是需要发泄对象的，很多人多半就会在妓女身上寻找出口。

下篇

无法定义的性格和人生

Chapter18　害羞的膀胱

Hi，你认识你的膀胱吗？当然我知道，它是你身体的一部分，但是你真的认识它吗？你知道它也会有喜怒哀乐，也会在某些时刻感到害羞吗？

不要用奇怪的眼神来审视这个标题，因为它一点也不好笑！

有的人觉得，害羞的姑娘脸蛋绯红，会有一种独特的魅力。害羞的男孩沉静少言，看起来会成熟稳重。但害羞的膀胱呢？猜一猜它要是犯起“害羞”这个毛病来会怎样吧！

我的世界你不懂

让我们一起试想一个场景。一位文质彬彬的男士去参加一个家庭晚宴，主人非常热情，受邀者也很多。大家聚在一起品酒，跳舞，谈天说地。可是喝下了两杯香槟之后，这名男士感到有尿意。

他一直踌躇着，不愿意去上卫生间，尽管他知道，主人家的卫生间就在房子刚进来的拐角处。

但是越有意识地憋着尿意，就越觉得难以忍受。无奈，他来到了卫生间，却发现这是一个可以多人共用的公共卫生间，而且外面还排了两个人。

怎么办？怎么办？他很想掉头装作自己走错了，避免在这里排队的尴尬，可是眼看着里面已经解决问题的人出来了。

他硬着头皮进入了卫生间，站在小便池面前，却发现自己一滴尿都无法尿出来，他的膀胱胀得很难受，整个人都显得很紧张，尤其是当旁边那位男士偏过头来有些疑惑地看了他一眼之后，他更是紧张得无法形容。

“算了！赶紧跑吧！”他用最快的速度系好裤子走出了卫生间。因为问题没有解决，他根本无法继续参加聚会，只得离开这里去找一个“舒服且安全”的地方。终于，他在不远处找到了一个有单间，而且单间还有门的卫生间。

当他走进这个私密的地方时，终于释放了，站在卫生间里，他似乎听到自己的膀胱也长长地舒了一口气……

这位男士到底是怎么了？难道是病理性的前列腺之类的毛病？

其实不然，他是患上了一种叫做“害羞膀胱综合症”的疾病。

各位也许会感到疑惑，但其实这样的事例还真不少。

C先生在拜访心理师之前，根本不知道自己“尿不出来”是种心理疾病。

年轻的C先生患上害羞膀胱综合症已经很多年了。确切地说，应该是从他13岁时候起，就已经有这样的征兆。

当他念完小学到了初中后，发现自己完全无法适应这里的环境，最不能适应的是学校那个又长又大的公共厕所。

每次课间操前去厕所的时候，他都发现自己排便困难，而且厕所里人越多，这种感受就越明显。可是学校人来人往，那么多的学生，休息的时间就集中在那一会儿，怎么可能没有人呢？

C先生为了避开人多的时候去厕所，就在上课的时候请假，但这种举动很快就被老师告知了家长。

所有人都以为，C不过是因为不想学习，借上厕所的名义跑出去躲懒罢了。父亲暴躁地打了他一顿，并且恐吓他说，会亲自到学校监督，上课时间不准请假！

C很无奈，上课不能去厕所，下课去了厕所又尿不出来，他只能逼着自己不去喝水，避免有尿意。

可是，这个问题也很难避免。因为过度焦虑，他的心思根本无法集中在课堂，期末考试成绩非常糟糕。父母以为他跟了什么坏朋友影响了学习，便给他转了一所学校。

然而在新的学校，C还是遇上了同样的问题。煎熬了半年，成绩全校垫底，这可让他的父母伤透了脑筋。

可以说，C先生的青春期，就是在不停地转校，不停地遭受批评中度过的。父母一直埋怨他不懂事，不好好学习，可没有人真正地问一问他到底有什么样的想法或难言之隐。

后来，C早早地离开了学校，开始在社会上谋生活。害羞膀胱综合症一直困扰着他，直到有一天，他对心理师敞开了心扉。

原来，在他小学毕业那一年，有一天晚上睡觉的时候，他无意中听到了父母行房事发出的声音，刚刚开始青春期发育的他忍不住自慰了。可是那个时候，他并不知道这到底是怎么回事，只觉得非常羞耻。

一方面，C觉得这种行为是不对的，耻辱的；另一方面，他又抗拒不了手淫的快感，频繁地进行。因此，当他在公厕小便的时候，很害怕同学会从他的举动看出他手淫的事情。于是，他开始逃避去公共厕所。一段时间之后，他发现一旦有别人在场，自己就无法小便。

他感到很害怕，本想把这件事情告诉父母，没想到在一次被母亲批评的过程中，母亲对他说了这样一句话："你要是再这样不好好念书，小心我把你那点事儿告诉所有人！"尽管母亲没有言明到底是什么事情，但C认为，母亲已经发现了，而且说的就是这件事儿，从此以后，他的害羞膀胱综合症变得更加严重了。

深入探秘

其实在这个世界上，还有很多人一直在受害羞膀胱综合症的困扰，可是他们自己并没有意识到问题的重要性，也常常会因为羞于启齿而隐瞒病情。

在一定的程度上，每个人都会遇到小便困难的问题，比如心理压力过大的时候，身体不适的时候都有可能。但如果短暂性地出现这种毛病，并不算是害羞膀胱综合症。真正害羞的膀胱，对个人的伤害是非常大的。

首先，它限制了人的行为方式。

正常人不必担心排尿的困扰，在家里轻松自在，在外面也是一样。外出逛街的时候，有商场，有快餐店的地方就可以找到公共卫生间，在学校当然更不用说了。然而这类患者则不同，他们无法在公共场合排尿，这种焦虑会限制他们出现在公共场合的可能性。要么就是避免出去，要么就避免喝水排尿。

但如果只是简单的“避免”也未尝不可。紧张和焦虑会让患者看起来非常不安，尤其在公共场合，他们对自我感受的关注度迅速提升，而对于周围情境的感知度便随之下降。比如一个患者在街上行走时非常想小便，虽然他看到了好几家快餐店，在前面的路口就有商场，然而他内心一直在和自己战斗，“去呢？还是不去呢？”他全部的精力集中于此，在过马路的时候都没有观察周围的情况，只一味地向前走。这样，不就是埋下了人身安全隐患了么？

其次，它控制了人的心志。

大多数害羞膀胱综合症患者都因为某一些刺激而引发病症，但这个疾病属于缓慢入侵型，是在潜移默化中慢慢形成的。当患者发现自己患上害羞膀胱综合症，已经是很长时间积压下来的了，因此，也不是一天两天就能够消除的。如果患者没有积极的治疗意识，该病症只会困扰患者越陷越深。而紧张和焦虑，更是严重影响了患者平时的正常生活。

病理溯源

“害羞膀胱综合症”学名叫做“境遇性排尿障碍”。这种疾病的典型症状就是无法在公共场所的厕所里小便。只要有人在身边，即便只是听到声音都无法小便。情况严重者哪怕是在自己的家中，但只要家里有人，就无法小便。

实际上，这并不是一种身体器官的器质性病变，而根本就是一种心理疾病，属于社交恐惧症的一种。这类患者在有人的场合小便时会过度紧张，引发焦虑的情绪，这样便使得膀胱周围的括约肌全部收缩，无法排出尿液。

目前来看，害羞膀胱综合症的发病原因还不是很清楚，据统计，在全美国大约有7%的人患有这种疾病，其中男性占多数。而这其中，又有接近两百万人受到害羞膀胱综合症的严重困扰，他们的生活被疾病控制了，导致无法工作，无法出门，更谈不上旅行和更好的生活。

害羞膀胱综合症患者在公共场合都会选择憋尿，即便非常有尿意也宁愿憋着。从生理角度上来说，这增加了尿路感染的可能性。而一旦尿路感染，对身体的影响和折磨都是巨大的，更严重的还有，没有被及时排出的尿液参与到了身体的二次循环，更多的毒素被吸收到了肾脏部位，这就像主动让自己的肾脏在“吸毒”一样。

从心理角度上来说，因为长时间憋尿导致膀胱弹性减弱，会更容易产生尿意且憋不住，这对于害羞膀胱综合症患者来说，无异于恶性循环。

这类疾病对人伤害最大的方面在于，它与隐私息息相关，这就让人羞于开口言说，即便想寻求帮助，也会因为“不好意思”而打退堂鼓。导致这种心理疾病的原因很多，但多半起于童年时期，尤其是在第二性征开始发育的那段时间。敏感的孩子对于自己身体上发生的变化并不是很清楚来龙去脉，一些看上去并不“好看”的改变可能会让他们陡然变得羞涩，这个时候，心态极易受到影响。

比如当一个男孩在卫生间里磨蹭了几分钟，母亲粗暴地、毫不顾忌地推门进来，嘴里还嘟嘟囔囔地说道：“你在磨蹭什么？都多长时间过去了？不去上学了吗？所有人都应该等着你吗？”之类的诘责，很可能给男孩心中留下阴影。每当他小便时，心中总会有些不安和恐惧，妈妈的唠叨在脑海中浮现，又很害怕门被突然地推开。久而久之，心理就与正常的生理反应产生了冲突。

不可否认，害羞膀胱综合症的破坏力是巨大的，但我们完全可以避免让它产生那么巨大的破坏力。在对那些主动寻求帮助的人群进行研究后发现，这种疾病的治愈率是非常高的，一旦追本溯源，找到内心小小的症结，就很容易解开心结，建立自信，在排尿时排除杂念，恢复正常。

因此，真正的问题在于，我们如何去发掘那些患有这种疾病而不愿意说出来的人，从而更有效地对他们提供帮助。

Chapter19　一个肉体中的多个灵魂——多重人格

这一天中午，美国安纳波利斯州的安妮·阿伦德尔县正在值班的警察接到了一起报案。一名叫做迪恩·潘塔泽斯的男子在电话那端异常惊恐地说道，他发现自己的妻子在自己家的车库里被谋杀了。男子那恐慌的状态从电话线那端传了过来，让相隔几条街的值班警察都感到有些头皮发麻。

究竟发生了什么事情呢?

我的世界你不懂

当警察赶到现场的时候，报案的男子坐在家门口，眼神呆滞，显然受到了很大的惊吓。警察迅速勘探了现场，死者名叫克拉克，现年43岁，是迪恩·潘塔泽斯的结发妻子，死者身重两枪，一枪在头部，一枪在颈部，都是致命伤。凶手显然非常熟悉潘塔泽斯家的情况，他进入车库，躲在汽车旁边，待克拉克走进车库后，凶手便枪杀了她。

潘塔泽斯家未丢失任何财物，这便排除了入室盗窃行凶杀人的可能性；克拉克死的时候虽然一片血污，但衣着整齐，并没有遭受过性骚扰，自然也排除了劫色杀人的可能。那么凶手究竟是谁?他为什么要杀死克拉克?这其中有什么仇怨吗?

看着悲伤的潘塔泽斯先生，负责此案件的罗比警官暗暗发誓，一定要尽早破案，给这个家庭一个说法，同时也还小城一片安宁。

他迅速组织人员，开始调查这个家的家庭情况和社会情况。

经过调查后发现，克拉克与迪恩是一对令人艳羡的夫妻。他们在二十多年前一见钟情并结为连理，婚后两人育有一子一女，现在都在其他地方上学。

夫妇二人不但感情甚笃，在事业上也相互扶持，他们共同经营着一家公司，生意如火如荼。他们现在居住的地方，是这个城市的富人区，不过在半年前，迪恩已经买下了一个牧场，并在那里修建了一幢豪华的别墅。如果克拉克没有遇害，估计他们已经准备搬到别墅里面居住了。

是谁亲手毁灭了这个幸福的家庭呢？难道是因为仇富心理而恶意谋杀？

……

一个月后，警察突然来到迪恩的家里，并出示了逮捕令将迪恩逮捕了，罪名是，谋杀妻子克拉克。

这简直让所有人大跌眼镜！完全没有人相信，像迪恩这样的好男人，成功男士，会拿起枪谋杀自己的妻子。

迪恩的朋友联合起来，纷纷为迪恩的人品作证，而迪恩与克拉克19岁的儿子也表示："如果我的父亲曾经在脑海中略过杀死妻子的念头的话，他一定会先结束自己的生命！"

迪恩也不断为自己辩白道："我如此爱克拉克，她胜过我的生命，我怎么可能杀死她，我又有什么理由杀死她？"

这时候警方却声称，他们有重要的证人，实际上，这个证人也是真正的凶手，不过她是在迪恩的高额现金诱惑和唆使下同意帮迪恩去杀克拉克的。

当警方传唤这位证人的时候，听众席和陪审团都发出了一阵唏嘘声，因为走上来的女人是一个打扮艳俗，衣着暴露的妓女，看着她踉跄的脚步，显然宿醉未醒。

迪恩怎么可能和这样的人有交往？

这个女人的名字叫做杰梅尔，是个在警察局有前科的吸毒卖淫女，她声称，是她的一个同样吸毒卖淫的朋友介绍她和迪恩认识的。迪恩开门见山，开价十万美元，让她去杀一名叫做克拉克的女人。为了钱，她毫不犹豫地答应了，那个时候她甚至不知道，克拉克就是迪恩的妻子。

杰梅尔对犯罪经过供认不讳，包括迪恩如何提前驱车带她看了屋子所在的地点，如何告诉她车库门锁的密码，如何将早就准备好的枪放在车库左下角的汽油桶后面……一切时间对接得天衣无缝。警察调取了杰梅尔的通话记录，发现在克拉克死前一周，她的确和一个陌生的号码通话频繁。

然而，迪恩矢口否认，他根本不认识那个电话号码，也不认识眼前的这个女人，当他们四目相对的时候，监察官发现，杰梅尔的眼神熟悉中略带一些错愕，她显然是见过迪恩这个人的；而迪恩的眼神却十分陌生，这一点无法伪装。

如果说迪恩真的不认识杰梅尔，那么他一定是被诬陷的，可车库密码的事情该怎么解释？据迪恩和两个孩子交代，这车库的密码鲜有人知，甚至连克拉克的母亲也不知道他们车库的密码，因为亲人来往都直接从大门进出，车库只有自家人停车的时候会出入。

但杰梅尔说得很肯定，为了证实这一点，警方找到了杰梅尔口中的“中介”，也就是介绍他们认识的那个妓女莱瑞。

莱瑞的证词和杰梅尔的基本一致，不过她向警方提供了更多的情况。她说，迪恩一开始是来找她做这件事情的，可是她不敢杀人，于是便将杰梅尔介绍给了迪恩。她还给警方提供了一条重要的线索，她之前见过迪恩，并且为其服务过，地点是在东部林荫大道的红灯区。但让她说出具体的时间时，她却因为长期吸食毒品而记忆混乱，根本回忆不起来。

莱瑞所说的这个地方，是安纳波利斯州著名的红灯区，在这里鱼龙混杂，长期出没着各种血统、各种性别取向，还有各种有着怪异癖好的人，当然也伴随着毒品和性交易。

越是觉得接近真相，案情就越显得扑朔迷离起来。

最后一次开庭是在一个阴雨天，对于两个妓女的指认，迪恩竟然痛苦得流下了眼泪，他有些歇斯底里地嚎叫道：“是谁？你们究竟是受谁唆使？为什么要杀害我的妻子，还要嫁祸给我？究竟是谁？”

这时候，审判庭里的灯突然全部熄灭了，随后，暴戾的重金属音乐响了起来，在被告所站的位置，飘过一阵奇异的香气，就像上演了一出跨越时空的惊悚片，有人在迪恩面前挑逗地舞蹈，并把性感的情趣内衣扔到了迪恩的脸上。

“哼，哼哼……”这时，坐在迪恩身边的辩护律师突然听到从迪恩这里发出了来自鼻腔的冷笑声，这声音发自迪恩没错，可又完全不像是迪恩的声音。

“你们这帮恶魔！”法庭上传出了夹杂着愤怒和不甘的一声吼叫，音乐停了，灯光重新亮起，大家惊讶地发现，迪恩紧握双拳，面部扭曲，眼睛里放射着愤怒的光芒站在那里，完全变了一个人。

“你们是恶魔，都是你们逼的，你们逼我出来，逼我出来受死吗？”不像迪恩的迪恩说道，随后他转身对着那两个妓女吼道：“你们这两个贱人，收了我的钱，还要出卖我。你们不得好死，下地狱去吧！”说罢，仰天狂笑。

这时，控方律师走上前来，脸上露出胜利的微笑，他说道：“迪恩，你终于出现了。如果不是这样，真不知道你还要躲起来多久？你那可怜的太太可能到了上帝那里也不会相信，是她最爱的丈夫买凶杀了她。她更不会相信，她的丈夫同时是个变态的异装癖，嫖客和凶手。”

“是，那又怎么样？”迪恩的脸上充满了挑衅，眼角露出的凶光让人不由得打了个冷战。“你应该说，可怜的迪恩，因为他根本不知道我的存在。哦，你看他，那么爱克拉克那个老女人，恨不得把她捧到天上去。克拉克真该死，她又老又丑，还整天在迪恩面前卖弄风情，你觉得她不该死吗？再昂贵的衣服也掩饰不住她的老态，我觉得，我穿那些衣服会更迷人。”

说罢，迪恩拿起了刚才有人故意扔在他面前的情趣内衣，慢条斯理地套在身上，他眼睛里燃烧着一种古怪的热情，嘴角带笑，翘着兰花指，一点点地整理着穿在身上的胸罩，把外衣揉起来试图填满罩杯，整个人看起来又可笑，又让人心生寒意。

“不错，的确是我找人杀了克拉克的”，他像是突然想起什么似的接着说道：“我找了那个叫莱瑞的婊子，不久前我们刚认识，是，我的确是穿了她的内衣内裤和她做了爱。可我付钱了呀。十美元！这些廉价的妓女！可她居然还偷了我包里的海洛因……不过没关系，我不吸那个玩意儿，我只是随身带着，来诱惑她们的。”

“可莱瑞这个臭婊子，她居然不帮我杀克拉克，我只能让她帮我找别人。杰梅尔不错，胆子够大，为了毒品，她什么不敢做？于是我提前带她踩好了点，并且把车库的密码告诉她。我知道，克拉克每天早晨十点都要返回家里一趟，因为她不信任公司的保险柜，这真是个好笑的习惯……没错，她要把头天的现金和支票带回家放着，那便是杰梅尔的机会。”

“我提前给杰梅尔准备好了枪，就放在车库左边那个汽油桶的背后，用报纸包着。杰梅尔在那天早晨九点半去到我家，躲在车库里，当克拉克走进去的时候，她就拿起枪对准克拉克‘砰砰’两枪……哈哈，可怜的克拉克，可惜我没有看到那个模样，没看到克拉克倒在血泊之中是什么样子……”

“我们没有邻居，谁也不会听到车库里的动静，在街道拐角处，我给杰梅尔准备好了撤退的车辆，这个小婊子，肯定吓得开着车一溜烟儿就逃跑了。哈哈哈……然后我中午正常回到家，故意提高声音喊着克拉克的名字，当然不会有人答应我，因为克拉克已经死了。我想我不能太得意，因为迪恩肯定会伤心的，尽管我觉得不值得。但我还是得躲起来一会儿，让迪恩去应付这个场面吧。”

听着迪恩近乎疯狂的阐述，人们面面相觑，很多人都无法理解，究竟发生了什么事情，难道迪恩遭到邪灵附体了？

事实上，这并非什么诡异事件，而是迪恩本人就是一名双重人格综合症患者。在他的体内，潜藏着两种不同的人格，我们姑且将其称为迪恩一号和迪恩二号吧。迪恩一号就是那位“好好先生”，温文尔雅的丈夫，宽厚温柔的父亲。他的确深爱自己的妻子和家庭，买农场，修建豪华别墅，这些的确是他打心眼儿里愿意做的事情，迪恩一号幸福地生活着，并不知道自己的身体里还有一个迪恩二号的存在。

可是迪恩二号却是截然不同的人。他是一个异装癖，心理变态，他潜藏在迪恩的身体里，通常每个月都有几天会爆发出来。这个时候，他都会借出差的名由来到东部，乔装打扮，混迹在林荫大道的那些灯红酒绿之处，花钱嫖娼，穿着怪异，满足自己的癖好。

他很清楚地知道迪恩一号的存在，但从未打算颠覆迪恩一号使自己真正成为自己。他宁愿躲藏着，时不时暴露出来，释放一下自己的需求。他深爱着迪恩一号，且非常嫉妒迪恩一号对妻子克拉克的爱。当迪恩一号将豪华别墅作为礼物送给克拉克的时候，迪恩二号的妒火被完全点燃了，他决定，要不惜一切代价杀死克拉克以解心头之恨。

整个策划谋杀的过程，他已经交代了。但让他奇怪的是，警方是怎么发现这个躲在迪恩一号背后的另一重人格的？

原来，在得到两名妓女的证词之后，警方也百思不得其解，他们便咨询了心理专家。根据迪恩一号的表现和一系列证词，心理专家推断，迪恩可能是一个双重人格，也许现在表现的这个人格并不知道真相。于是，专家为警方设计了一出“情景剧”，在酷似林荫大道红灯区的氛围中，逼出了迪恩二号。

深入探秘

迪恩谋杀妻子的事件听起来似乎更像一个故事，但实际上，像迪恩这样具有双重人格甚至多重人格的人，并不是文学作品中虚构出来的，而是一种真实存在。心理学上对这种精神疾病的解释为："一个人具有两个以上的、相对独特的并互相分开的亚人格，是为多重人格。"它有很多名字，但我们通常将其称为"癔症性分离性身份识别障碍"。

在卡麦隆·韦斯特的自传小说《二十四重人格》中，就用非常阴郁但娴熟的笔调讲述了一个具有二十四重人格的人的故事，实际上说的就是作者自己。

小说主人公卡梅伦出生在一个可以称之为"恶心"的家庭里。自小他就受到母亲和外婆的性虐待，最终导致小卡梅伦人格分裂。每受到一次性虐待，小卡梅伦就分裂出一种人格，书上称之为"分身"，卡梅伦分身出另一个人，让"他"来承受自己目前所不能够承受的痛苦。然后，卡梅伦又生生抛弃了这些令人作呕的痛苦经历的记忆，用自己这个貌似完好的人生来继续岁月的变迁。

受虐是一个最主要的诱因，而所有矛盾的焦点则集中在"记忆"与"缺乏记忆"上。作为主导人格的卡梅伦在健康和清醒的时候，并不知道其他那些人格的存在，但当他生病或感到孤独、痛苦的时候，身体内的不同人格便会跳出来，坚强的凯瑞保护了他；温柔的佩尔安慰着他；正能量满满的立夫则激励他站起来面对人生。正是这些时候，卡梅伦才意识到，原来自己有这么多的伙伴，和自己共同经历了生命中那些黑暗的岁月，但这些人格，他却无法控制。

这便是多重人格患者和正常人的区别。虽然我们正常人的性格也存在多面性，比如在这个人面前显得温柔，而在那个人面前显得暴躁，但这些都在我们意识的控制范围内，我们不但清楚这些表现，而且能够控制。

我们对外基本能够保持一个统一的思想，“自我”是很稳定的，但卡梅伦却不同，他无法控制在一定的时候，究竟哪重人格会跳出来做主导，因此他常常表现出怪异的行为，比如突然发出奇怪的声音，做出很多让人意想不到的事情。

与卡梅伦经历相似的，还有一位英国人。这是一位48岁的单身母亲，她自己也清楚自己患有“多重人格分裂症”，但她却无法让自己恢复到正常。患病之初，她体内的人格甚至达到了20种之多，这些人格有的在相互较量，有的出现的频率很低，经过了十年左右的磨合，人格数量渐渐减少到12个左右，并且趋于稳定。

但这并不能让人感到轻松，因为即便主导人格清楚其他人格的脾气秉性，也无法完全地控制他们。而且更让人觉得无助的是，当其中一个人格不定时地跳出来做出一些事情再消失之后，主导人格通常完全不清楚刚才发生了什么。这和短暂性的失忆一样让人痛苦。

在心理治疗师的建议下，这名单身母亲开始学习绘画，因为绘画是一种能够让人放松的方式。意想不到的情况发生了，这藏在她体内的12重人格居然都具有绘画的天赋，她们虽然风格不同，爱好不同，但画出来的作品都颇具艺术价值。

通过绘画，这名女士发现，她居然能够游刃有余地在12重人格间转换，不再需要等待某个人格突然降临。她觉得自己不再想完全康复了，因为她等于在和11个人共同生活，大家享用同一个身体，却有着不同的灵魂和创作灵感。她能够随时唤出某一位，比如需要抽象作品的时候，就让擅长抽象画的那个人格出来作画；需要现实主义作品的时候，就呼唤那位擅长现实主义风格的人格出来作画。

她从绘画中找到了无穷无尽的满足感和成就感，她已经不再是一个病患，而成为了一个拥有“超能力”的画家。虽然她的心理医师并不能预测将来还会发生什么改变，但照目前的状况来看，这是一个好的结果。

但并不是每一个多重人格障碍患者都能像这位女士般幸运，在前面的事件中，潜藏的迪恩二号不就残忍地杀害了妻子，而让迪恩一号陷入了无穷无尽的痛苦当中吗？

而且，你们是否注意到，在有的多重人格中，主导人格非常清楚其他人格的存在，但其他人格却未必知道另一个或者说另一些人格的存在。也就是说，通常那些从属人格都以为自己是独立的，以为“我就是我自己，不是别人”。

但在迪恩身上却恰恰相反，主导人格迪恩一号并不知道自己其实是一个双重人格，反而是从属人格迪恩二号在旁边使坏。这样，如果他一直不暴露，一直躲避着，也许迪恩就没办法被定罪。

对于迪恩的处理方法，心理学界产生了一些争论。是让一无所知的迪恩一号去承担责任，被判入狱呢，还是通过一些心理暗示和引导，唤出迪恩二号，并让其变为主导人格去接受惩罚呢？

虽然迪恩的确是犯罪了，但从心理学的角度上来看，迪恩一号是无辜的，甚至迪恩本人，都是心理疾病的受害者。如何处理，司法自有论断，我们在这里只需要去科学地认识多重人格就行。

病理溯源

“邪灵附体”，“与地狱对话”，这些诡异且满腹邪气的词语曾经深深困扰着人们，一旦有人表现出像是被附体的奇怪状态，这个人不是被奉若神明，便是被当作众矢之的。当人们无法用科学解释一些现象的时候，对各路神仙的信仰和崇拜就会变得异常猖獗。

在17世纪之前，情况一直如此，“一个肉体中有多个灵魂”的人不会被当成正常的心理疾病患者来对待，相反，他们更多地被看作是鬼神的“代言人”。到了18世纪，虽然在医学上已经有了关于多重人格的几个案例，但并未引起学术界太大的关注。

19世纪时，多重人格障碍患者的数量明显增加，才逐渐引起舆论的注意。可大众关注的焦点只是在多重人格分裂症患者的行为表现上，并未更深层次地探寻形成这种疾病的诱因。

鉴于多重人格的复杂、多变的表现，其实很多患者并未被发掘，他们依然被误解、被歧视，处在不公平的社会环境中，而这种不公平的歧视则会催生他们分离出更多甚至更可怕的人格。

到底是什么铸就了多重人格？合并很多个案研究我们发现，这里面存在很多的共通性。也可以说，多重人格这种心理障碍往往发于患者童年时期，而且与一些因素息息相关。

他们童年时候几乎都受到过虐待。不管是暴力还是性虐待。而且受虐时间长久，施虐对象通常是长辈，甚至自己最亲的人，比如父母。当他们受到虐待的时候，身边没有更强的力量来保护他们，而他们自己又因为太过弱小无力反抗。久而久之，人格便扭曲发展。

比如，他们起初会幻想出一个强有力的自己，能够站起来反抗这种伤害。或者幻想出一个逆来顺受的自己，能够更多地承受这些虐待。在受虐过程中，这些幻想的“自己”能够帮助真正的自己去逃避，暂时缓解焦虑。事情过后，真正的自己便不再愿意回想那些痛苦，于是选择性地忘记，忘记所遭受的痛苦，也忘记幻想出来的那个自己。

时间长了，幻想和现实就纠结在一起，最终形成了另一重人格。

还有一种情况是患者受到了特别突然的、意外的、沉重的打击。这个打击沉重到他们根本无法承受，于是潜意识地幻想出一个人来替自己承受。这样也很容易形成具有保护性甚至暴力性的另一重人格。

这些患者也有一些共同的特征，他们都极易受到催眠，因此治疗师们往往会选择催眠，唤醒他们体内的从属人格并与之对话，慢慢地将患者朝着积极的方面去引导。

除此之外，几乎所有的患者在不同人格之间的转换都是突然的，甚至有些戏剧化，他自己意识不到，也会让周围的人莫名其妙。因此这类患者常常会被误以为是在“演戏”，在“装病”，或者被一些不好的东西附体了。

没有人可以肯定地说，这些多重人格分裂症患者对社会是否有危害性，但只要他们的人格中有充满暴力的一重，就非常有可能去伤害他人。但心理学家指出，这种心理障碍的遗传几率非常低，几乎都是后天形成的。因此可以说，每一位患者心中都有属于自己的无法解开的“症结”。

而使用催眠治疗的意义不但是要呼唤出那些从属人格，更需要追本溯源，从源头的伤害去谈起，让患者慢慢释怀。

Chapter20　童年创伤与创作灵感

曾有位文学青年问海明威："一个作家最好的早期训练是什么？"海明威回答说："拥有悲惨的童年。"

海明威的这句话可信度有多高呢？海明威是诺贝尔文学奖的获得者，是世界知名的文学大师，是"迷失的一代"的代表作家之一。海明威出生在美国伊利诺伊州芝加哥市郊区的奥克帕克，童年生活十分痛苦，这在其作品中多次表现出来，透露出对人生、世界、社会的迷茫和彷徨。

海明威曾参加过两次世界大战，身上有200多枚弹片，脑震荡是轻伤，动过二十多次手术。在1954年，海明威凭借《老人与海》获得了诺贝尔文学奖，然而童年的创伤没有丝毫减轻，在1961年，海明威不堪折磨，饮弹而亡。

我的世界你不懂

文学上有个很独特的现象，众多知名作家都曾有过悲惨的童年，如安徒生、川端康成、但丁、萧红、张爱玲、卡夫卡等等，有人对这种现象很感兴趣，认为这是一种对早年痛苦的补偿。"无娘的孩子早当家"说的就是这个道理。这一说法有大量的事实依据，心理学家也证明，童年经验往往对个人一生影响深远，其人生基调就是这时形成的，而且其以后的发展都避不开这个基调，留下不可磨灭的烙印。

安徒生是世界知名的童话作家，其作品迤逦多姿，想象丰富多彩，其作品包含万千，有善良的小人物、有荒唐的皇帝，有歌颂光明的，也有讽刺社会现状的，影响深远，拥有众多而独特的读者，安徒生的童话跨越了国界、跨越了种族、跨越了年龄，成为全人类共同的精神食粮。

他慰藉了无数人的心灵，然而他自己的生活状态可并不怎么样，甚至有些不可理喻，他喜欢住在疯人院的纺线室里，这里光线昏暗，噪音不绝，而且一墙相隔的，就是那些精神不正常的人，时常能够听到病人的哀嚎，或歇斯底里的喊叫，然而这些却给了安徒生无数的创作灵感。写作背景很阴沉，他笔下的故事却充满了美好。

不得不说，这跟其童年经历有关。安徒生出身贫寒，父亲是个鞋匠，收入只能勉强维持温饱，不过父亲喜欢文学，而且想象力非常丰富，常常会为安徒生讲述一些有意思的传奇，还给安徒生读一些童话故事，如拉封丹的《奇特的孩子》。父亲对安徒生的影响是深远的。可以说安徒生是在故事的陪伴中长大的，故事中斑驳万千的世界滋养了他单调的童年生活。安徒生之所以喜欢住在疯人院的纺线室里，因为在那他能听到很多有趣的故事，在听故事的时候，他完全隔绝了外界的各种干扰，沉浸在美好的世界中。长大成年成为作家后，这一习惯保留了下来。

童年的经验已经植根于他的思维结构中，对他日后的创作产生了不可磨灭的影响。安徒生很喜欢莎士比亚的戏剧，他常常在脑海中构思戏剧，然后讲给父亲听。父亲每次都会给他一些建议，这些建议周到、中肯，极大地提升了安徒生构思戏剧的能力。

父亲去世给安徒生带来不可磨灭的创伤，在其作品中曾多次描绘与父亲有关的场景。如父亲去世前的一个冬天，冰雪覆盖天地，窗户被冰封，父亲躺在病床上，指着窗户上结冰的图案说，你看像不像一个伸展双臂的女人，父亲给它起名叫冰雪皇后，并戏称冰雪皇后会带走自己。

安徒生在《冰雪女皇》中这样描述："雪花漫天飞舞的夜晚，加伊忽然看见窗外有一片很大的雪花飘落在桥上，逐渐变大，最后变成了一个女人，女人身披白雪披纱，身体在夜空中如明珠般发光，两眼也熠熠生辉，她张开手臂，朝着加伊的方向招手，加伊赶紧低下头，心中惊骇，在抬头时，她已经飞走了。”书中还描述了一个精致的花园，“匣子的两端挨着窗户，就像是开满花的堤岸。豌豆藤在匣子里疯长，玫瑰也不断伸展身躯，他们在窗户上盘旋着，彼此缠绕，就像是花朵绿叶组成的凯旋门。”

在安徒生的作品中随处可见与父亲在一起的童年回忆，童年生活所带来的创伤让他有机会可以深入思考生活，思考人生，思考世界，这些都成为他以后作品中的思想主线。不仅如此，安徒生早年在纺线室里听到的故事，大都是老人用口头语言讲述的，这种语言风格也在其作品中保留了下来。安徒生在讲述作品故事的来源时，曾提到纺线室、提到父亲，也就是安徒生的童话故事都是接近于口语化，类似于说书人的那种讲述方式。

著名的心理学家和精神病学家贝特尔海姆对此也是赞同的，他认为童话故事的魅力来自于讲述，类似面对面交流那种的语言，唯有如此，才能让人感觉如身临其境，才能将其心理意义阐述出来。在书籍出现以前，童话故事都是面对面讲述，因而说这是一个传统。安徒生并未选修过心理学，也从未研究过儿童心理学，但是其童年创伤以及纺线室里的故事都毫无疑问彰显了这一点，看起来是一种偶然，其实这是童年创伤所带来的必然。

车尔尼雪夫斯基说：“在人间有什么会更有诗意，更为迷人，胜于那怀着欢乐的爱，对自己觉得像自己本身一样崇高、纯洁和美妙的一切东西都发生共鸣的纯真的少年心灵呢？”

童年对一个作家的影响是深入骨髓的，是融贯在灵魂中的，童年是我们的精神故乡，童年所遭遇的创伤会让人铭记在心。创伤在灵魂深处生了根，就好像在土地中播撒了种子般，在岁月流逝中，种子逐渐发芽、长出树枝，成长为参天大树，然而其根基仍然是当初的种子，是由幼时的创伤繁衍出来的。创伤及由此而形成的思想就成为作家作品的内核。

深入探秘

童年是人生最重要的发展阶段，有的认知有很多都是来自于这个时候。所以才会有“三岁看老”的说法，童年对个人的气质、个性、思维方式等都有着极为深远的影响。

童年创伤更是对人的心里感官产生阻抗性影响，让人陷入沉思中。著名的心理学家弗洛伊德曾说：“处在幸福中的人是不会想太多的，只有那些在痛苦处境中的人才会想太多，才会有深刻的思想，可以说出不痛快的经历是促使人思考的原动力。”而作品往往又是思想的结晶，因而说童年创伤是会带来创作灵感的。

拿张爱玲来举例子。张爱玲的作品中，母亲的形象大多是自私、冷漠甚至残酷的，有些甚至为了金钱而不顾亲情，如《金锁记》中的曹七巧；《倾城之恋》中的母亲认为女儿白流苏是个累赘；《花凋》中的郑夫人，女儿病重阶段，竟然没把自己的私房钱拿出来，仅仅是怕丈夫发现，使女儿的生命早早夭折了。这些作品中的母亲形象和灵感来源都与张爱玲少时经历有关。

幼年时，张母为躲避婚姻劳累而常年在海外留学，将年幼的女儿抛在家中。而张父原本就重男轻女，再加上对张母远走他乡的愤恨，所有扭曲的情感全部加诸在张爱玲身上，一直视张爱玲为累赘。

对于小小的张爱玲来说，母亲的离开对她的伤害是非常巨大的，在一个理应依恋母亲的年龄，她却只能独自面对孤独的童年和冷漠的父亲。再加上她自小敏感，因此孤僻、自闭在所难免。而又因为过度的孤僻，养成了她不近人情，外表虚伪冷漠的性情。

还有张爱玲对待金钱的态度，也是受母亲的影响。母亲是因为金钱而逃离父亲，这让她感受到金钱对人性的残酷吞噬。一度，她将金钱当作试金石，如在《钱》中，她写道："能够爱一个人爱到问他拿零用钱的程度，那是严格的考验。"

所以在她的作品中，金钱是可以将人性改变的。这种观念是母亲离开造成的创伤，张爱玲骨子里的冰凉冷漠、情感上的苍凉、冷冷对待自己所书写的人物，所有创作灵感的来源，都与其年少时所受的创伤密切相关。

童年经历深深印在每个人身上，刻画在其性格以及气质上，对作家来说，那些不痛快的经历将会在内心深处成为其创作的灵感。

病理溯源

曾有人进行过调查，在世界历史上，凡是在文学上有一定造诣的人，百分之八十以上，在童年都有过些不好的记忆，或者说是创伤。这就回到了我们开头所说的那个话题，当人身处在幸运顺遂中，感情的波动率是很低的，这种情况下，人很难去体会一些更深层次的东西，因为他不愿意主动地去思考，更不会沉静地思考。

相反，如果人处于糟糕的逆境状态，环境就会逼迫着这个人必须去更多地思考人生，思考出路，走出自己心灵的困境。这样大的情感波动，很容易触发潜意识里的东西，找到更多灵感。

那么这里还有两个问题，为什么是童年的创伤更容易塑造一个"天才"，又为什么这样的天才多表现于文学和绘画等艺术创作方面？

童年作为生命的起点，此时段前的人就像是张白纸，而童年就是渲染其基调的时间，长大后，虽然白纸上的色彩会有很多，但也离不开童年设定的基调。童年是人性最初缓缓展开的时段，这段时间的情绪感受、记忆、意识等，都会给人留下深刻的印象，会对人的审美心理以及人生观、价值观、世界观的塑造形成定性的影响。

创伤对人的影响是最大的，成年后，人的心智逐渐成熟，即使有创伤，也不像单纯的童年时期那样浓烈。童年的创伤，就像是一把匕首深深地刺入不曾设防的心脏中，让人记忆深刻难以忘记。就比如前面所说的张爱玲。如果她的母亲不是在她年幼的时候离开，如果父亲不是在她那么小的时候，就对她百般厌恶，如果不是她自小就看到一些因为金钱而带来的感情纠纷，她也许不会有那么多拷问心灵的创作灵感。

在她年幼的时候，还不能够明断是非，大人的情感模式和行为方式她也无法完全地理解，而她所能够关注的点，就是自己内心的感受。这种感受是孤独的、受伤的、恐慌的，并且难以磨灭。待到成年之后，她虽然能够理解当年的种种，但受伤的心却无法修复。

试想，如果这一切发生在她成年之后，在她世界观和价值观形成之后，她便会用更加客观的角度去看待这些问题，也许内心便会释然。如若这样，张爱玲也不过只是芸芸众生中一个普通的人，而不是影响中国近一个世纪的创作才女了。

那为什么这种在童年所留下的难以磨灭的印记，最终会变成文学或绘画创作的灵感，而非其他呢？本质在于，人的表达方式不外乎语言和肢体语言，语言汇聚成文字，而肢体语言则可以转化成为图像，画面感油然而生。当压抑的内心寻求不到一个倾诉对象的时候，便容易转变成文字，由笔下流转出来。

因此童年经历百般韵味，其更接近于文学的本质。经历创伤而产生的体验和反省，因此而形成的感悟和创新，这些都是创作中不可缺少的组成部分。

诺贝尔文学奖获得者莫言，在其小说中随处可见有关于故乡的描写，有关于童年的描写，对此他曾说：“为什么我用这样的语言叙述这样的故事？因为我的写作是寻找失去的故乡，因为我童年生活的地方就是我的故乡。”在其访谈录中，也曾多次提到童年创伤，那些艰苦岁月带给他的伤痕，带给他的磨难，而这一切给予了他创作的灵感，构成了其创作的基石。

Chapter21 你对迷信有多信

当古埃及最为神秘的一座法老陵墓——图坦卡蒙陵被开启的时候，一个尘封的魔咒也同时呈现在了“入侵者”眼前，在图坦卡蒙陵墓入口处有一个石碑，上面赫然写着一句话：“谁打扰了这位法老的安宁，死神将展翅在他头上降临。”

可是，没有什么能够阻挡多年努力，夙愿得偿的那种快意，考古队毅然决然地进入了这座藏得最深的陵墓。

从那以后，可怕的事情接二连三地发生了，先是考古队的赞助者卡纳冯先生莫名暴毙，据说死前还发出恐惧的惊呼，然后是照顾他的护士也奇异死亡。几个月后，卡纳冯的助手死在了旅馆的卫生间里，随后，一名参与挖掘工作的人也意外死亡……

死神似乎特别眷顾上了这个发现图坦卡蒙陵墓的团队，甚至连他们身边的人都不放过。难道，开启陵墓真的触动了地底深处的亡魂？因了这些说不清原因的死亡，图坦卡蒙陵更是被罩上了神秘恐怖的面纱，而那石碑上的文字，也被称为“法老的诅咒”，流传甚广。

我的世界你不懂

那是一个真实的事件，发生在20世纪20年代。所有的事情围绕着卡纳冯先生的死开始变得扑朔迷离且诡异莫测。结合上“诅咒”“意外死亡”等词语，让当年参与这个工作的每一个人都胆战心惊，他们害怕死亡的魔咒随时会降临到自己身上，因而变得越来越焦虑恐慌。

越是这样，越让人好奇，想要解开诅咒背后的谜底。心理学和社会学研究者们不断地去拜访那些参与者，然而，当他们将采访的资料汇总起来却发现了一个奇怪的现象，这些人每次讲述的经历都不相同，而且，随着时间的推移，越来越附上神秘的色彩，比如“墓室中突然闪现的光”“有神秘的飞虫从眼前飞过”“隐约听到来自地底深处的声音”等等之类的描述开始出现。

是这些人在虚构吗？还是的确发生了这些事情？如果真有其事，为什么他们的描述又显得前后不符呢？

“法老的诅咒”一直在流传，当年的参与者也越来越迷信，他们的生活中多了很多莫名其妙的避讳，比如不住在朝向北的房间，不在某一个特定的日子出门等等。这样的迷信行为也许对他们的生活没有多么严重的影响，然而迷信的思想却对他们造成了终生的困扰。科学家研究表明，某些古代木乃伊带有霉菌，对于免疫力低下的人，很可能感染有毒病原体而导致死亡。

迷信这种东西，你是否会相信？先不要急着说“不”，不妨先看看，这个世界上各式各样的迷信思想吧。

在西方人眼中，“13”是一个非常不吉利的数字，因为耶稣被出卖的那顿最后的晚餐上，参加晚餐的人数就是13个，这是一个在有着基督教信仰的国家中家喻户晓的事情，而大家对13的避讳甚至蔓延到了世界上许多不信仰基督的国家。

1898年，英国一名叫做伍尔夫的商人，在当时伦敦最为豪华的沙威酒店订了一席14个人的晚宴，到了与会时间，很不巧地有一名客人因故不能出席，大家都觉得13个人的晚宴非常不吉利，劝伍尔夫取消，但伍尔夫表示，自己不是迷信的人，根本不在意这个说法。

半个月后，伍尔夫去南非旅行，竟然在一桩并不是针对他的谋杀案中中弹身亡，消息传到英国，知道伍尔夫曾经宴请了一顿只有13人参加的晚餐的人，都感到非常震惊，而且均有一种“果然13是不吉利”的想法。

从那个时候起，沙威酒店明确提出，不允许13个人在酒店中共进晚餐，如果确实只有13个宾客的话，酒店会随即安排一位员工参与进去，把晚宴的人数凑成14人。

十多年间，沙威酒店一直保持着这样的规矩，而被酒店随机抽取陪伴客人用餐的第14个人，也被称为了沙威酒店的“吉祥物”。直到20世纪20年代，一位著名的设计师专门为沙威酒店设计了一个真人版大小的黑猫雕像——卡斯帕，由员工扮演的吉祥物才真正退出历史舞台。卡斯帕的形象备受欢迎，以至于很多有钱人专门为其而来。第二次世界大战期间，曾有人闯入沙威酒店抢走了卡斯帕，彼时的首相丘吉尔亲自出面将其找了回来，由此可见卡斯帕的名气和受欢迎的程度。

但我们需要借助这个事件说明的问题是，原本只是因为对13这个数字的迷信，谁曾想会引起这样大的轰动，真有点全民迷信的感觉。

为了更加科学地证明问题，20世纪九十年代初，一队研究者专门对13这个数字是否会对人们产生影响这一问题进行了调查。他们在当地的所有报纸上都登载了一条广告，希望家里门牌号为13的住户与他们联系，一个星期后，他们共收到了500户人家的信息，从调查问卷显示，大概有百分之十的住户认为，住在13号房间里，好运离他们越来越远了。

随后，研究者们又针对地产经纪进行了全国性的调查，结果让人很惊讶，有近半数的地产经纪表示，非常头痛与“13”有关的东西，不管是门牌号为13的房子，亦或者13楼都无人问津，到最后不得不打折促销。

像这样对于特殊数字的避讳，当然不仅只是在西方出现，在中国和日本等东南亚国家，也同样有着关于数字的迷信。

在中文、日语中，4和“死”的发音相同，因此4这个数字在东方人眼中非常的不吉利，尤其是在关乎生死的医院。据调查数据显示，很多医院里都没有4楼。有的人在4号这天出行都会觉得提心吊胆。甚至在有些地方，好日子里是避讳说4的。

而这种迷信思想也顺着海洋蔓延到了美国。在加利福尼亚州，新开的餐馆、商店或者公司可以在电话公司自选号码的后四位，研究人员发现，那些由中国人或日本人开设的餐馆、商店或公司，在选号时刻意避免选择带有4的号码的情况非常普遍。但这种情况在美国人当中并不存在。

同样的，在印度，在埃及，还有很多国家和地区，迷信的思想都普遍存在着，而且越是经济不发达的地方，迷信的东西就越多，范围也会越广。而迷信本身作为一种盲目的信任，到底会给人的生活带来什么呢？

深入探秘

著名的社会学家大卫·菲利普斯对这种迷信现象非常关注，他想知道，人们对于某些数字，或者某些习惯的迷信，会不会对他们的健康造成影响？甚至说迷信会否左右人的生死？

为此，大卫和他的心理研究团队采集并分析了从1973年到1998年这25年间在美国死亡人员的记录。这段时间里，美国登记在册的死亡人数为470万人。他们将这些人分成了不同的组，然后对照他们的死亡日期，让人惊讶的结果出来了。

这其中，日裔和华裔人，在每个月的4号，死于心脏病的比例比同月任何一天的比例都要高7%，如果将心脏病再细分，关注慢性心脏病的话，这一比例则上升到了13%。这至少说明了一点，在4号到来的这一天，这些慢性心脏病患者的焦虑程度会上升，以至于引发死亡。但这个现象于美国人而言却并不存在。

当大卫将调研结果公诸于世的时候，很多人提出了质疑，他们认为大卫牵强附会地抓着某一些特例，想要将其说成是共性。尽管所有的现象看起来的确有一些“诡异的力量”在主宰着，但是，大卫依然坚持着自己的研究，并将这种现象命名为“查尔斯·巴斯克维尔效应”。这个效应的得名来源于柯南道尔的知名侦探小说《巴斯克维尔猎犬》中的一个人物，其正是因为非常巨大的心理压力而引发心脏病导致最终死亡的。

如果说大卫·菲利普斯的研究太过独特，并不能证明迷信对人的生活乃至生命存在影响的话，还有一些心理研究者同样也在努力着，他们从不同的方向调研了很多案例，我们不妨一起了解一下。

托马斯作为一名心理学研究者，同样对于“迷信”这个词非常感兴趣，他与同事们在不同的环城路和高速路上持续观察了两年的时间，他们发现，每逢遇到13号星期五，即西方非常避讳的“黑色星期五”的时候，公路上的车流量会明显少很多。

随后，他们又调研了邻近一家医院两年来的就诊记录，从记录中可以看出来，在“黑色星期五”的日子里，因为交通事故前来就诊的就诊率比平时高出了50%！这个数据足以让人感到错愕。

托马斯由此判断，因为人们都非常避讳“黑色星期五”，因此这一天，如果没什么特别的事情，容易感到紧张的人都宁愿待在家里不出门，这就是为什么车流量骤减的原因。但并不是每个人都可以在这一天安然待在家中，那些不得不出门，但又感到紧张和害怕的人，更容易因为过度焦虑而出事故，增加了医院的就诊率。

可是由于托马斯团队只采集了一家医院的数据，其中涉及的数字相对比较小，有巧合的可能性，因此不足以作为论断。

不过，芬兰的一位心理学家所做的调研倒是动静非常大。他的团队查看了从1971年到1997年这26年间，全国公立医院的所有就诊记录，需要强调的是，在这26年间，碰上13号恰好是星期五的“黑色星期五”，一共有324天，在这324个特别“不吉利”的日子里，医院交通事故的就诊率明显增高。而在对比所有因交通事故死亡的人员数据中，他们发现，在黑色星期五这一天，女性的驾车事故死亡率比正常日子高出了将近40%！而男性的这个比例只有5%。

研究者认为，这并不能说明女性比男性更笃信这个“不吉利”的迷信，而只能说明，女性更容易受到焦虑情绪的干扰罢了。

以上研究均证实了一个理论：迷信的确能害死人。而且这种迷信，并不是我们通常意义上认为的那种大动干戈的“童女祭天”“斩首祭祖”等等，仅只是对某一个数字的避讳，都有可能牵涉到生命。试想，那些因为“黑色星期五”出门太过紧张而引发严重交通事故丢了性命的人泉下有知，这可怕的死亡只是因为自己心中那一点点的避讳和焦虑的话，会不会憎恶自己的这种“神经质”呢？

可是，代代流传的迷信，并不会因为一些科学的数据就在人们的心中淡去色彩，相反，除了影响到死亡率之外，迷信同样还会影响一个国家或地区的出生率。

在古代的中日历书中有记载，每一年都是由五行中的一行，与十二生肖中的一个属相组合而成的，这在东方来说，是神圣的历法，当然也有很多传统的迷信参杂其中。这里可以先为大家介绍一个关于“火马年”的传说。

1668年，在日本江户本乡经营着八百屋（也就是杂货店）的太郎兵卫家出生了一个女儿，取名于七。

转眼于七便近豆蔻年华，1683年初，江户发生了一场天和大火，于七家也被烧毁了，无奈，一家人只能暂时到圆乘寺去避难。

在圆乘寺生活的几个月，于七居然爱上了寺里打杂的小和尚，待到家里的房子重新修好搬回去后，于七开始朝思暮想，衣带渐宽。

突然有一天，于七想到了一个“馊主意”，既然当时因为火灾得以到寺庙避难，要是家中再遭大火，她不就又可以见到小和尚了吗？

于是她于某天深夜在家里放了一把火，眼见火势越来越大，于七吓坏了，赶紧高呼救火，所幸这一次，并未给家里造成大的损失。

然而在那个年代，纵火是死罪，已经年满十六的于七不再能够获得“减一级刑罚”的宽待，被判处火刑。因为天和大火是改变于七一生命运的一场火灾，因此后人又将其称为“于七火灾”。

于七出生的1668年，是一个火马年，于是在日本便有了这样的说法，出生于火马年的女人非常“不详”，她们要么暴戾，要么克夫，总之都代表着厄运降临。

传说虽然年代久远，但受众面却非常广，为了研究火马年的迷信到底会对社会造成怎样的影响，日本心理学家加藤早就做好了准备，并在1966年这一火马年的时候，实施了自己的调查行动。

结果连加藤自己都倍感震惊，这一年，全日本上下新生儿的出生率居然下降了25%，当然与之成反比的是女性进行人工流产的比例。然而，这些数据还不是此次调查让人痛心的地方，为了满足自己的好奇，加藤更加深入地分析了所有的调查结果，并且对比了前后五年新生儿死亡率的数据，他发现，在1966年，新生女婴的死亡率明显高于前后几年。

大家都知道，在那个年代，想要提前鉴定婴儿性别还是一件未能实现的事情，父母也只有等到孩子出生才能知道究竟是男孩还是女孩，如果非常避讳火马年出生的女孩，而又恰在火马年生了女儿，唯一的办法就是杀死女婴！

可是，难道亲生父母会对自己的孩子下手？难道十月怀胎的辛苦都抵不过一个迷信传说？加藤给出的答案是肯定的，他说“出生于1966年的很多女婴，的确被迷信杀死了。”

病理溯源

鉴于迷信的强大影响力，如此之多的研究人员愿将心思放在对此的研究之上也就不足为奇了，然而，笃信科学的这些人并不是为了追究各种千奇百怪的迷信究竟从什么时候开始的，又是因为什么传说引发的，他们更希望了解的是，为什么人们宁愿被一些完全不理性的东西影响到他们的思考方式以及行为模式呢?

在这里，我们首先可以引用分析心理学创始人荣格提出的“集体无意识”概念，荣格认为，所谓的集体无意识，有个体和非个体之分。个体的现象非常容易解释，因为它只存在于婴儿早期的记忆中；而后者就复杂得多，有可能与祖先的传统、生命的残留以及意识的传承有关，这些东西在不同的群体中通过代代相传，于每个人心中都能够找到，具有普遍性，因此称为集体无意识。

这种典型的群体心理现象可谓根深蒂固，而且是在无意识的情况下进入人的大脑记忆中的，因为这种“无意识”，使得人们只是单纯地记住了它，而不会理性地分析判断它。就像如果问一个西方人，为什么会对13这个数字如此避讳的时候，他也许会回答出《最后的晚餐》这个故事，但更多的理由便无从解释，最强有力的支撑便在于“因为所有人都避讳”。

不过这种解释恰恰为那些支持迷信思想的人提供了依据，他们认为，之所以能够被那么多人都接受的迷信思想，一定是存在道理的，且经受住了时间的考验。就像从很久之前就流传下来的护身符、辟邪物等等，当初的人持有这些东西，是为了祈求神灵的庇佑。而今，即便人们对“神灵”的信仰度大大下降，但佩戴护身符以求心安也是无可厚非的。

但是质疑迷信的人们并不会相信那些掺杂历史与神话的说辞，更不会将其作为数据去研究。他们反而担心，这种根深蒂固的信仰原本就是不合理的现象，延续到现代社会真的很令人担忧。

然而，当我们反观历史就能够发现，当科学并不普及，人们生活相对落后时，人们更倾向于从一种更强大的或者说更神秘的东西身上找到力量。就像人们崇拜太阳，信仰风神、水神、火神等等，这既是一种对未知的恐惧，同时又是一种本能的自我保护。因为无知而造成的内心恐惧实际是一种负面的情绪，这时候就需要一种正面的能量来相抵，而对于神明的虔诚的信仰会在人们心中竖起一道“正能量”的保护墙，去抵消那些恐惧感。

在研究者们对饱受战乱地区与和平地区的居民行为进行调查的结果中也可以看到，那些需要面对更多不确定性的人们会更迷信，他们更容易去避讳某些特定日子或某种特别习惯，以求得平安；同样也更容易去崇拜某种东西以求找到心灵的归属。

这种“不确定性”与我们所说“对于未知的恐惧”实际上是近似的概念。也就是说，那些生活在动荡社会中的人们，比较容易焦虑，对未来没有信心也没有安全感，这个时候，他们会将迷信当作信仰，且毫无理由地进行到底。

Chapter22　狂躁抑郁，冰与火的重合

巴尔扎克曾经说过："天才就是人类的病态，就如珍珠是贝的病态一样。"这句话深刻地揭示了"天才"与精神疾病之间的联系，更与一位心理学家的看法不谋而合。"天才是人类稀有的极端的变种，在这种变种中，可以看到他们精神生活的极不稳定性和过敏性，或者可以说他们对精神病缺乏抵抗能力。"

我的世界你不懂

她不断地在纸上比划着，起初是一些不规则的线条和图形，然后，她的铅笔移动得越来越快，越来越快，同时，她的嘴里絮絮叨叨地在说着什么，语速非常快，根本听不清具体的内容。

只是两秒钟的间隔，她停了下来，像是在思考着，然后，那种高频率的运作又开始了。她在办公室里到处翻找，把所有的资料和地图全部找了出来，迅速地翻捡着这些纸张，抽出一张，又抽出一张……

她的脸因为兴奋和高频率的说话、快速的动作而涨得通红，眼睛里闪烁着一种诡异的光芒，"我得把这里标记下来，这个地方是最初他们出现的地方……"她一面念叨着，一面起身去拿放在书桌上的笔筒，笔筒里面插着各种颜色的签字笔。可是由于她的头脑里只想着地图上的事情，根本没有注意到旁边放着的箱子，她被绊倒了，脑袋磕在了书桌上，立刻红肿起来，但显然她连这点都没有注意到。

她抓起笔筒，无暇顾及因为动作太快而落下的其中几支，然后继续回到地上，在铺开的地图上面勾画着什么。翻找，勾画，标注……她的

精神异常亢奋，似乎没有半点疲惫的感觉。而站在门口的两位：她的父亲和姐姐却面露愁容，担心得不行，因为她这次的亢奋状态，已经持续了近三十个小时了。

她叫萨拉，是一名国家安全局的信息员，曾在伊拉克战场上工作过，而她现在所做的事情，则是在整理那些疑似恐怖分子的资料。

国安局早就收到消息，有一批有组织的恐怖分子潜入美国，伺机将开展大规模的破坏行动。可惜并没有进一步的线索。很多条路都跟着跟着就堵死了，国安局每个人的压力都很大。

36个小时过去后，萨拉终于“回来”了，她的脸上恢复了正常的笑容，略带疲倦感，她伸了个懒腰，抬起头，似乎刚刚注意到站在门口的父亲和姐姐。

“Hi，你们早。现在几点了，你们怎么起这么早？”萨拉的语气平静且自然，一点也不像36个小时精神高度紧张和集中且未眠的样子。

“我觉得有点累，我想睡一觉。”萨拉自顾自地说着，走出了她在家里设置的办公室。

而呈现在父亲和姐姐眼前的，是一幅被涂抹得乱七八糟的地图，以及数张照片和文字注释。仔细看看就会发现，萨拉用大红色的笔画出了一个网络，在不同的节点上有不同的照片，在旁边堆起的资料里，将所有已经发生，但之前令人毫无调查头绪的事件连接了起来。

后面的事实证明，萨拉的方向完全正确，她解开了困扰国安局整整三个月的大问题。可是，当她一觉醒来之后，却怎么也想不起来她自己是如何做到这些的。

像这样的症状已经不是第一次发生了，实际上，在之前一次意外受伤后，莎拉就在医院发了一次病。起初她只是问护士要一支绿色的笔来记笔记，可她的护士是位严苛的人，并不理会她的需求，只是不断地重复“熄灯时间到了，你该休息了，有什么问题明天再处理，你现在是病人，身体最重要。”

谁曾想，这种态度居然逼出了萨拉的病。萨拉的情绪开始变得越来越激动，她挥舞着胳膊，不断地念叨着：“你给我一支绿色的笔，请你给我一支绿色的笔，难道这么大的医院要找到一支绿色的笔很困难吗？该死的，别跟我说什么熄灯的话，给我一支绿色的笔……妈的，我叫你给我一支绿色的笔！”然后她跳了起来，挣脱了手上正在注射的针，撞倒了一旁的床头柜，跌跌撞撞跑到护士值班室，这时候的她已经接近歇斯底里了，“给我一支绿色的笔，给我一支绿色的笔……”

最后，医护人员不得不给她注射了镇静剂，她才终于躺在床上睡着了。

萨拉卓越的推理能力与她的病应运而生，每当她发病，精神极端亢奋的时候，总能根据一些蛛丝马迹找到很多重要的线索，这种近乎天赋的能力是国安局里任何人都达不到的。然而，她的身体却每况愈下。

萨拉得的这种病，在临床学上被称为狂躁抑郁症，简称躁郁症。躁狂抑郁的两极同时折磨着患者，常常会让他们在极度的亢奋之后又极度的疲惫，身心都受到不小的折磨。然而在心理学上，这种精神疾病又显得很特殊，因为从没有一种心理疾病会像躁郁症一样，与“天才”如此息息相关。

深入探秘

英国《精神病理学》杂志曾经发表过一位著名的心理学博士撰写的论文，博士的研究方向是历史上那些著名的大人物，在300个个案中，博士发现，天才与精神病就像是一对孪生兄弟一样存在于这些影响了历史的大人物身上，而他们所患的精神病，几乎都有躁郁症一项。

让我们用一组数据来说明问题。研究结果显示，政治家中患有躁郁症的比例为17%；科学家中患有躁郁症的比例为18%；哲学家中患有躁

郁症的比例为26%；作曲家中患有躁郁症的比例为31%；画家中患有躁郁症的比例为37%；而文学家中患有躁郁症的比例则高达46%。

到底是所谓的“天才”就容易患上躁郁症，还是躁郁症患者更容易成为天才？这个问题就像到底是先有鸡还是先有蛋的问题一样无逻辑。但我们不妨认真去探索一下，存在于“天才”和“精神病”这对孪生兄弟之间的联系吧。

文森特·梵高在现代可是一位耳熟能详的大人物，他是后印象主义的先驱，他的作品深深地影响了20世纪的艺术风。不过，在他活着的时候，可是个一文不名，穷困潦倒的“精神病”。

没错，梵高的确是个精神病，只是因为身边的人，包括他自己都没把这件事情放在眼里，以至于最后愈演愈烈。

最初，梵高的表现只是显得比较狂热罢了。他充满幻想，比较容易走极端，情绪易于激动，也为此丢了工作，得罪了很多人。

但显然他并不在意自己的人际关系和社会关系，他唯一关心的，是绘画。他为数不多的朋友曾在他过世后，形容过他创作时候的状态：几近癫狂！那个时候的梵高眼睛里只有色彩，而脑海里估计是一些飞速跳跃的灵感，总之，他不是个正常人，他听不到周围的声音，也根本留意不到身边发生了什么事情，这个时候如果谁要是走近去打扰了他，那简直就是“自寻死路”，他会像一头发怒的狮子一样对待别人。

而他对自己也好不到哪里去，与高更决裂后，梵高因为内心太过悲痛，割下了自己的耳朵。请注意，那是自虐式的，就这样一只手拿着刀，一只手揪着耳朵，狠狠地将耳朵割了下来，鲜血直流。可梵高从没有为这件事情后悔过，他只是希望，用肉体的疼痛来缓解一下心灵的悲伤罢了。

也许从那个时候开始，他就注定要以一种悲怆的、血腥的方式结束自己的生命吧。

梵高的性情越来越怪异，他甚至已经到了无法和别人相处的地步。没有任何经济来源，画出来的画又挣不到钱，都是他的弟弟在不断接济他。即便这样，他也从未对自己的弟弟说过一句感谢的话。

他不再愿意与人交流，生活似乎跌入到了一种半梦半醒，分不清现实与梦境的状态。他会用一晚上的时间来观察星空，一动不动，然后快速地、亢奋地创作自己心中那灵动的作品。常常是一气呵成地完成一幅作品之后，累到虚脱。

这时候，他的精神疾病已经很严重了，最终导致他在发病状态时开枪自杀。

曾经有人评价，梵高的一生是充满悲剧色彩的，因为在他活着的时候，并没有得到世人的认可，而且，他无法珍惜属于自己的爱情，无法获得友谊，甚至无法养活自己，无法对自己好一些。然而，我们可以假设，如果没有这些诸多的“无法”，那么文森特·梵高也不过是芸芸众生中的一员，有一份平稳的工作和一个普通的家庭，到老到死，那么艺术史上也就不可能出现这样一位大师级的人物了。

实际上，梵高并非是唯一一个患有躁郁症并在某个领域有着突出成就的人，拜伦、狄更斯、伍尔夫、牛顿、达利，这些耳熟能详的名字在向我们展示他们无可超越的成就的同时，也在向我们展示着他们在精神方面无法治愈的创伤和疾病。

时而狂躁，时而抑郁，且不由自己主观意识控制的状态狠狠地折磨着他们的脑神经。当他们处于狂躁状态时，大脑的工作量是正常人的数十倍之多，脑神经极度活跃，心跳加速，肾上腺素分泌旺盛，甚至在过度的脑充血后会出现幻听、视物模糊等症状。但大脑超负荷的工作却给他们的执着精神带来了巨大的好处，不管是进行绘画，还是文学创作，亦或者是科学研究，“灵光一闪”的出现几率都要高出很多。

对此，心理学家和精神病学家都曾给出过相似的结论，“躁郁症产生的兴奋和抑郁迫使患者面对更为广泛的情绪感受，他们比常人拥有更丰富多变的经历。也就是说，在疾病发作过程中，会出现能量的爆发，但这对身体的损害也是显而易见的。”

病理溯源

躁郁症最明显的特征是在情绪、行为、个人感受以及能量状态上存在着极端的变化。所谓的“大喜大悲”“狂悲狂喜”都非常适合形容躁郁症的状态。稍微有些医学常识的人都知道，骤然的大喜大悲是非常伤身体的，这样不但会打乱身体的荷尔蒙平衡，而且非常影响整个人的状态。这对于正常人来说都是不容易承受的影响，何况是躁郁症患者，其身心受损程度都是非常严重的。

虽然有很多资料都证明，“躁狂抑郁多才俊”，但并不是所有的躁郁症患者都能有天才般的能力和造诣。芸芸众生中，也有不少人饱受躁郁症的折磨和困扰。

实际上，躁抑症这种精神疾病具有一定的遗传性，患者多在青春期或者青年时候第一次发病。就如我在前面的事例中所讲述的萨拉，她的躁郁症就来自父亲的遗传，因为很早就发现了这个病症，因此她都是通过精神类的药物来控制病情。除了遗传因素之外，强烈且突然的刺激也很可能引发此种精神疾病。

躁郁症是一种间发性的疾病，且在两次病情发作的间隔期间，患者并没有什么异常状况，因此病情很容易被忽略。然而一旦发病，却是来势汹汹的。

大部分躁郁症患者都是连续地，“有规律”地发作。也就是说在极度的狂躁之后，会迎来极度的抑郁。

狂躁时，情绪高涨，对待事物往往热情过度。这个时候如果与之交往，会觉得这个人是那么的兴高采烈，无忧无虑。但这只是早期的症状，如果病情已经很严重，那躁狂发作的表现则是像刺猬一样难以接近且易怒。

狂躁发作时，患者的思维是非常活跃的，高谈阔论，滔滔不绝，也不会感到疲惫，甚至有时候会有很多幻想的成分在里面，胡乱虚构情节而自己浑然不知。这个时候，其实患者并不需要任何人懂得他在讲什么，因为他沉浸在自己的世界中，跳跃的思维会很快让他变得混乱，显得语无伦次。

这个时候，头脑风暴也会让患者的意志行为增强，即“协调性精神运动性兴奋”，最有意思的一点在于，患者处在狂躁症发作的时候，恰恰是他言行最为一致的时候，内心体验与所作出的反应和外界环境较为统一。

脑神经的亢奋带来的效果就是失眠，或者根本不需要睡觉，就像萨拉一样，持续36个小时不停歇地工作也不觉得疲惫。

狂躁症的发作一般会持续三天左右，接下来便是可怕的抑郁症，而且二者几乎不会“掉链子”，只要有了狂躁，就势必迎来抑郁。

这时我们就会发现，患者突然对一切东西都丧失了兴趣，哪怕是他昨天还爱不释手的事情，今天都会懒得去看一眼。他开始感到很疲惫，吃不下东西，要么是睡很长时间都不醒，要么就是躺在床上睡不着，但又没力气动弹。

更可怕的是，他会发现自己根本无法集中精神思考问题，头脑像是错了线路的指挥站，各种信息到处乱窜，却组合不起来。眼前会出现幻觉，难辨真假。

无怪乎那些躁郁症患者，几乎都会有自杀的冲动了，因为这样“刺激”的脑神经活动会严重影响到他们的生活，即便他们会因此变得更“聪明”，更容易创造成就。

Chapter23 今天你的精神“分裂”了吗

读过古罗马历史的人应该都知道一个叫做尼禄的暴君，他虽然在位的时间不长，但造的孽真心不少。光是对待母亲的方式这一条上，就有些说不过去。

说到这尼禄的王位，实际上还是母亲处心积虑冒着巨大的风险为他争取来的，当然他一开始非常感激，而感激的方式也很特殊，就是把母亲当作妻子来对待，同吃同睡，就连他和别的美女同房时，也让母亲在旁边品头论足或干脆加入进来。这个混乱程度可见一斑。可是慢慢地，尼禄就变了，因为一些这样那样的原因，他居然想了各种办法，最终将母亲亲手杀害。

后人根据尼禄的各种行为模式推断，这位先生患有严重的精神分裂症，而他的母亲便是其病情的牺牲品。如今看来，当时要是有个人能开导开导尼禄，也许他就不会犯下“弑母”这等滔天罪行而遗臭万年了。

我的世界你不懂

M先生原本是一位就读于加拿大安大略省一所大学的优等生，不过现在，他觉得自己是一位在困境中与世界抗争的斗士。

大学的最后一年，他开始吸食大麻，那是因为他觉得自己已经一事无成了，好不容易追到手的女朋友最终离开了他；学习成绩也越来越差；朋友们疏远他，因为大家在一起玩的时候，他经常不在状态，总是说一些莫名其妙的话……

他就这样在大麻的蚕食下昏昏沉沉地毕业，来到了一个新的城市。

可是，M先生最先找到的并不是一份足以糊口的工作，而是几个能够帮他买到大麻的“朋友”。

他就这样饥一顿饱一顿地混迹在这个陌生的城市，偶尔去做一些小时工，在公共场所摸几个钱包，作为购买大麻的费用。

他很害怕在夜晚出门，因为他说西藏的佛教徒能够从很远的地方就看穿他的思想。而一个参加过第二次世界大战的英雄正在试图拯救他。

M先生觉得，1918年的一场流行性感冒引发了战争，而在更早些的时候，他自己的超能力触发了火山的爆发。他觉得自己是一个佛教徒，但有时候又不是。他身上有一项特殊的使命，就是联系外星人和人类进行一场反人性的秘密战争。

M先生说，他能感觉得到，地球将会发生一场浩劫，海水会蒸发殆尽，而大陆板块会相撞。外星人选择了带他和一个女人离开地球，而这个女人就是他的妻子。

实际上，M先生终于在超市找到了一份为顾客打包物品的固定工作，他住在阴暗的地下室里，居住的屋子里最多的生物就是蟑螂。但是他非常不喜欢他的工作，因为他担心敌人会将他变成一个彻头彻尾的同性恋……

好吧，我想如果我再这样“天方夜谭”下去，估计读者都得腻歪了。实际上，这是M先生每天混乱思想的写照。在常人看来，这的确毫无头绪而且荒诞至极，可是M先生却因为这些古怪的、不由自主钻入脑海的“现实”而恐惧不已。

在去医院检查之后，医生诊断他患上了精神分裂症。

与M先生比起来，赛琳娜的状况似乎要更糟糕一些。

在她17岁那年，生命当中突然多了一个声音，这个声音阴暗、晦涩、低沉、恐怖地说着“你必须死！”

第一次听到这个声音的时候，赛琳娜正在夏令营的营地里，“你必

须死！你一定会死的！”如此清晰地在耳边响起这样的声音，赛琳娜瞬间觉得汗毛倒竖，她仿佛撞入了一个错乱的时空中，身边没有人，也没有任何景致，只有像波浪一样流动着，又有点像电波之类的东西不断从身边滑过，那个恐怖的声音显得异常空洞，近在咫尺。

她尖叫着，扑腾着，突然“惊醒”过来，发现自己正躺在营地的帐篷里。可是那个声音真的很恐怖，赛琳娜想要起身逃离，她必须逃离。

整个夏天，她被这个可怕的声音困扰着，即便和室友在一起也无法避免。没有人能听到这个声音，除了她自己。这也许就是魔鬼的化身，它有预谋地来到这个世界，叨扰萨琳娜的平静生活。

后来，赛琳娜知道自己患上了精神分裂症，可是经过一些简单的药物治疗并没有达到什么好的效果。她的生活陷入了深深的阴暗之中。为此，她失去了朋友，失去了心爱的人，也失去了好的工作机会。当别人已经结婚生子，搬进她梦寐以求的大房子时，她依然缩在自己乱七八糟的小屋里，与那个突然来到她的世界就赖着不走的声音做斗争。

深入分析

精神分裂症可以说是一种最令人想不通而且致残率最高的心理障碍，是最为疯狂和精神错乱的一种病态。精神分裂症具有慢性衰退性的特征，它对患者的影响是非常巨大和广泛的，可以说涉及到了方方面面。患者很可能在日以继夜的精神折磨中渐渐地与社会隔绝而成为一个“幽闭的精神病”。

精神分裂症患者发病初期会很明显地出现幻觉，说话不着边际，逻辑混乱，而且还会伴有一些古怪的行为。虽然该病发作有间歇期，但即便在不发作的时候，患者也无法进行清晰明朗的思考。他们的情绪反应变得很怪，比如大家都非常开心的时候，他们却面无表情，像是不知道发生了什么事。而在沉痛庄重的场合，他们又很可能面带微笑，让所有人都觉得“愤怒”。

实际上，这并不是他们故意做出的“反社会常性”的行为，而是因为他们无法理解别人的面部表情所要表达的情绪。

比如这位19岁的女孩安吉拉。当她被男友送到医院的时候，她已经割开了自己左手腕的静脉血管，流了很多血。医生对她问诊，却发现她表情呆滞，思维似乎游离在别处，根本没有注意到医生的问话。

过了一阵，她有些神秘地小声说道，是一个自称“来自地狱的人”找到她，并让她割腕的。那个来自地狱的人说，她是个坏人，坏人必须要受到惩罚。而且那个坏人还警告她，不准把这些谈话告诉别人。

安吉拉显得很害怕，她怕自己泄露了秘密，会遭到来自地狱的人的报复。从她的表情上来看，很难判断这是否是伪装，因为她的恐惧是那么明显和真实，如果这是装出来的，只能证明安吉拉是一个演技高超的表演者。

但事实并非如此。据她的男友说，他们已经相处一年了。起初二人住在市中心一幢普通的公寓里。可是安吉拉根本无法和周围人相处。她对于楼下大门开关的声音非常敏感，如果晚上有人出门或者回来，即便脚步再轻都能把她惊醒，然后一夜一夜地睡不着觉，说奇怪的话，神经质地在屋里走来走去。

后来经不住她的软磨硬泡，男友终于答应陪着她搬到乡下的一套小村舍去居住。可是到了那里，安吉拉的情况并没有多大好转。

安吉拉是一名画家，在这个方面，她的天赋非常高。在乡下，她创作了很多作品，不过这些作品内容都很阴郁，多是一些妖精和怪物的形象。她创作时的状态非常癫狂，肢体语言丰富且古怪，嘴里絮絮叨叨一些听不清的话，就好像有一种神秘的力量在指挥着她。

男友一直劝她去看一下医生，可是安吉拉总是拒绝。割腕事件之前已经发生过几次，好在男友及时发现并阻止了，没有造成大的伤害。为此，她的男友把家里所有的刀以及利器都藏了起来，可是这一次，她还是翻出了一把锋利的刀具割开了自己的静脉血管。

在住院的前两天，安吉拉不断重复着“来自地狱的人”对她的行为的操控。到了第四天，她的精神显得好些了，突然绝口不再提那个“来自地狱的人”，用一种非常正常的状态吵嚷着要出院。

不过她的男友和医生们都知道，如果让她出院，回去之后，这样的状况依然会重演。

在看待安吉拉这个案例的时候，我们需要注意的一点就是她的年龄。据统计，精神分裂症的发病时间一般是在青少年时期。这个时候人的大脑完全发育成熟，处于脑神经活动的高峰期，因此病症最容易暴露出来。

在所有的患者中，有少部分人发病得非常突然，可能在前几天还好好的，某天傍晚就开始出现幻觉，然后人格和行为都发生了颠覆性的改变。

但大部分人就像前面的这位M先生一样，经过几年的时间，病情慢慢恶化。这个过程在精神病学中称为“前驱期”。这段时间，患者最明显的表现便是对社会生活兴趣全无，日常生活的能力明显下降。最突出的特征是，他们变得不再注意自己的仪容仪表，蓬头垢面，长时间穿同一件衣服，而且洗澡频率也降低了。

慢慢地，患者的行为会变得越来越古怪，他们不再关注身边的人，生出一些距离感，说话也失去了完好的逻辑性。

再后来，患者的行为变得更加怪异，让人不可理喻。比如他们会去捡垃圾，在大街上自言自语哈哈大笑，开始出现幻觉。这说明发病期开始了。

在经过一段时间的发病期之后，有的患者就会进入到残留期。这时候，最为怪异的那些行为消失了，患者看起来不再那么“神经”，可是意识方面、情感方面以及注意力方面依然存在着很大问题。

有一位曾经患有精神分裂症，后经过很长的治疗时间终于康复了的患者曾经用两个字描述了这个病症的心理状态，那就是“贫乏”，物质生活贫乏，精神生活也很贫乏。因为没有基本的生存能力，连赚钱满足日常所需都很困难。发病的时候胡言乱语行为疯癫，根本没有朋友愿意和他相处。

据不完全统计，在美国的成年人中，有超过200万的人患有精神分裂症，而全世界则达到了2400万。这些人当中，男性的比例要略高于女性，而其发病年龄也比女性的要年轻化。

病理溯源

精神分裂症到目前为止，病因尚不清楚，但肯定与心理因素、社会因素以及生物学有关。对此，不同的研究学派有其各自不同的解释和理论。

首先，我们从心理动力学的角度去探讨一下有关精神分裂症的种种。

心理动力学认为，精神分裂症代表着一个人的自我，被来自本我的比如原始的性、冲动、攻击驱力等所淹没。因此这样的人看上去缺乏自我意识。因为本我携带的东西来势汹汹，自我被吓到了，于是退回到了最早的口唇期，即婴儿时期。这个时候的状态是无法区分外界和自身的。

可是这种退回并不完全，就像人不能够倒着长一样。因此，自我横亘在患者自己与外面世界的通道中间，像堵塞了似的写着“此路不通”，这就形成了精神分裂的典型症状：与现实脱离。

这时候的患者只能由着本我在意识中“作祟”，于是那些妄想、幻觉便会被认为是现实的，进而表现出一些不符合社会规范的行为。

然而另一些研究者则将重点放在研究人与人之间的社会关系，而非人与自我的关系上。

有研究者认为，孩子在童年时期，如果与母亲的关系是对立的，冲突比较强的话，他患病的几率就会比较高。

因为母亲的负面情绪，可能会让孩子产生退缩情绪。比如受到无端批评时，孩子不敢反抗，只能幻想一个安全的环境，然后“躲进去”。久而久之，就会分不清幻想的环境与真实的环境。这就形成了一种恶性循环：母亲越是责难，孩子就越是逃避和退缩，这样就更减少了他和外界建立信任的渠道和信心，同时也减少了学习社会亲密关系技巧的机会。因为处理不好人际关系，与他人的联系非常脆弱，这又引发了孩子进一步的逃避、焦虑。接触的人越多，可能焦虑程度越深，最后完全缩回到了自己幻想出来的世界中去。

其次，从学习观点角度来看待精神分裂症。

学习观点并不能够很好地解释精神分裂症的致病因素，但是却能够解释该病行为类型的发展。这一学派的研究者提出了“条件反射”和“观察学习”这两个概念。他们对一个54岁的慢性精神分裂症女患者进行了一个实验。

首先，主试递给这名患者一个扫帚，她顺手抓住了。然后另一名工作人员又递给她一支香烟，她很高兴地接了过去。过几个小时，主试又重复这几个步骤。几次之后，这名患者就无法与扫帚分开了。

因此研究者认为，很多精神分裂症患者的怪异行为可能会因为强化而变得怪异。也就是说，强化能够影响患者的言语正常化和怪异行为发生的频率和程度。他们指出，在精神病医院，这样的强化影响非常明显，一些患者会无意识地模仿其他患者的怪异行为，这样便会在不经意间强化了自己的精神分裂症行为。

可是这样的解释似乎有些本末倒置了，一来很多精神分裂症患者在发病以前并没有接触到其他患者；二来，这些患者是因为患病才入院治疗的，而非到了医院才患上的精神分裂症。

再次，我们一起来看一下从生物学观点的角度是如何来解释精神分裂症的。

尽管到目前为止依然无法完全清楚地解释精神分裂症的发病原因，可是很多研究者都相信，生物学因素在其中起到了决定性的作用。

既然提到了生物学因素，不可避免地要说到遗传。从对美国、爱尔兰、瑞士等国家的调查数据来看，精神分裂症患者的亲属之间患病的可能性比较大。如果是直系亲属的话，患病的几率是普通人的十倍。

除了遗传因素之外，脑部异常也是不容忽视的因素之一。

与对照组相比，在患有精神分裂症的成年人中，大概有四分之三的患者存在脑组织缺失的状况。脑组织的缺失尤其集中在额叶前部皮质区，这里是大脑的组织中心。

有研究显示，一些精神分裂症患者的额前皮层脑电波的活动较常人的要低，这表明该区域存在功能损伤。额叶前部皮质控制的是人的情感功能，它就像是一个剪切板，存储了很多指导组织行为的信息。

当这个部分遭受损伤，人就会出现记忆困难、注意力不集中、缺乏逻辑思维以及行为怪异等状况。

最后，我们再了解一下家庭理论是如何看待精神分裂症的。

这一学派的研究者认为，紊乱的家庭关系为精神分裂症的爆发埋下了伏笔。尤其强调了母亲在家庭关系中的影响。那些冷酷的、强势的母亲往往会导致自己的孩子患上精神分裂症，因为她们在一定程度上剥夺了孩子的自尊，并抹杀了孩子的独立性。

有研究者提出了“双重约束交流”的概念，这个概念传递了一种相互矛盾的信息。比如，当一个孩子听到母亲回家的声音，并欢天喜地地扑向母亲的时候，母亲并没有回应孩子这种热情，而是推开孩子的拥抱，教导孩子要稳重。无论孩子做什么受到的都是指示、教导和责骂时，他们就会变得很无助，不知道该怎么去做。

但没有母亲会承认这是她们自己的问题，她们内心对亲密关系的抗拒表现在了对待孩子的方式上，这不但让孩子幼小的心灵受到了伤害，还严重地影响了孩子的人格发展。

Chapter24　心灵的黑暗之处

参孙是《圣经》中的人物，他出生时得到了上帝的喜爱，赐给他力量，并将这些力量藏在他的头发之中。

参孙长大后，果然力量无穷，他勇敢地攻击腓力斯人，多次取得胜利。可惜参孙个性倔强，他不听父母劝诫，也不顾以色列人的法律，固执地娶了一名腓力斯女子为妻，而且放纵自己的欲望，与别有用心的女人交往。他自信地认为，自己既可以拥有肉欲的快感，同时保有战斗的力量。可惜他在女人面前泄露了自己超人力气的秘密，被敌人抓住了把柄，剪去了头发。

于是，参孙失去了全部的力量，被敌人关进监狱，后悔莫及。最后，虽然上帝原谅了他，重新赐予他力量，可惜出师不利的参孙在消灭敌人的同时也牺牲了自己。

现代人在重温《圣经》故事的时候指出，参孙具有反社会型人格障碍的很多特征。比如他无视律法的撒谎行为；冲动的暴力行为，不顾自己和他人的安全；他从不会自责自己的行为等等。

参孙真的患有人格障碍吗？

我的世界你不懂

乔治是一名退休警官，今年50岁。半个月前，他的狗在出门玩耍的时候，被一辆疾驰而来的车撞死了，乔治的生活便因此陷入了无边的黑暗。半个月后，他终于来问诊，因为他每天都无法入睡，即便睡了，也很容易惊醒。他不再能够集中精神去做事情，他感到伤心和疲倦，失去了活下去的勇气。

心理医生调查了他以往的生活记录，并咨询了他曾经的同事。大家都反映，乔治是一个非常孤僻的人，大家共事很多年，有的人甚至只和乔治说过“嗨”“你好”之类的问候语。乔治不苟言笑，大家在办公室聊天的时候，经常会忘记了还有这么一个人，因为乔治一言不发，对大家的话题也没有任何兴趣。

不过大家都能看出来，乔治在对待狗的态度上可是截然不同的，他非常疼爱自己的狗，并把狗当成了亲人。曾有人见到乔治在和狗出去散步时有说有笑的场景，尽管狗并不会给他任何言语上的回应，但很显然，乔治在狗面前倾诉得很开心也很放心。

的确，乔治一直独居，没有朋友，当他试图去和同事建立一种更和谐更亲密的关系时，他会感到尴尬，就像违背了自己心里面的真实想法一样。因为他对人没有任何的信任感，勉强去做“好朋友”似乎根本做不到。

他尝试着订阅报纸，了解时事和当今社会的变化，看一看明星的八卦等等，但这些事情根本无法调动他内心的真实情感，说白了，他觉得“事不关已”，毫无兴趣。

直到这只狗来到他身边的时候，他才觉得，生活像是有了那么点意思。他把全部的感情都倾注在狗身上。每天早晨，他会给狗狗精心准备早餐，然后带狗出去散步。每天，他都会细致地打理狗狗的毛发，并且和它聊天。圣诞节，他给狗穿上圣诞老人的衣服，并且给它买最好吃的狗粮，而他也会以狗的名义给自己送上一份礼物。这些在别人眼中显得有些可笑且怪异的举动，在乔治看来却是神圣的。

可惜，他的狗死了，乔治非常非常伤心，相比之下，他的父母离世时都没有让他感到如此痛苦。

乔治觉得，自己与别人不相同，当医生向他表达了同情和鼓励时，他的表情很困惑，似乎根本接收不到这种情感的真正意思。

最后，医生诊断，乔治患上了分裂型人格障碍。这种疾病的患者最典型的特征是无法与他人建立亲密关系，他们对人的态度、思维方式都很古怪，可他们自己似乎根本意识不到这一点。

与乔治境况相似的还有鲍勃。这位85岁的成功商人本来应该安享晚年了，带着妻子去周游世界，把他上半辈子辛辛苦苦挣来的钱花在余生。可鲍勃似乎完全不愿意过那样的生活，尽管他已经退休20年了，可是他每天依然在进行着“有用的工作”。

他不信任他的会计，不信任他的律师，不信任他的私人医生，甚至不信任他的儿子，这个世界上唯一能让他稍微感到安全，可以“说那么点真话”的人，恐怕只有和他结发60年的妻子了。

鲍勃根本无法从这种对他人不信任的焦虑中解脱出来，如果他发现报表有一点点问题，就会怀疑经纪人想要坑他的钱，于是他会花大量的精力来监控公司的投资行为。他从不会对任何人透露自己的联系方式，因为他怕别人会害他。当然他也不会对任何人说涉及到自己生活的真话，因为他觉得会遭人算计。

过度的敏感让鲍勃没有一天是轻松的，妻子一直在劝他去看看医生，可这样换来的只会是无穷无尽的争吵，“连你也想害我，想背叛我吗？”鲍勃总是这样质问妻子。

再也受不了压力的妻子找到了心理医生，“我简直怀疑，这几十年的焦虑生活，鲍勃的心脏是如何承受的。”“我真的害怕，如果有一天我先他而去，他会怎么样？毕竟我已经快八十岁了……”

深入探秘

无论是乔治，还是鲍勃，他们都有一些共同的特征，那就是无法与人建立亲密的关系，而这种无助起源于他们内心深处的不信任。即便有人愿意以诚相待，他们依然会敏感地怀疑对方的真诚度。

这样的症状在心理学上被称为人格障碍。

所谓人格障碍，指的是在与他人交往的时候，患者往往会采取过度古板的行为和方式，这些阻碍了他们对外在需要的调整，最终导致自我挫败和自我封闭。

心理学上将人格障碍分成了三个大类。

第一类的典型特征是，常常被别人认为是古板的、反常的人，他们难以接近且感情淡漠。这一类包括有偏执型人格障碍、分裂样人格障碍以及分裂型人格障碍。

第二类的典型特征是，患者的行为多怪异、戏剧化以及情绪化。人们常常评价他们为“怪癖”。这一类型包括了反社会型人格障碍、边缘型人格障碍、表演型人格障碍以及自恋型人格障碍。

第三类的典型特征是，经常呈现出恐惧或焦虑，完全没有办法正确看待事物和人。他们看上去就像屁股被火烧着一样，坐立不安。这一类型包括回避型人格障碍、依赖型人格障碍以及强迫型人格障碍。

虽然以上提及的都隶属于人格障碍，但各个不同的类型都有其典型的特征。

那位85岁的商人鲍勃便是患上了偏执型人格障碍。这类人从不会信任任何人，因为他们认为别人会利用自己的一些信息或弱点来伤害自己。他们对于批评都异常敏感，同时视野狭窄，很容易怀恨在心。因为过度的敏感和怀疑，他们无法交到真正的朋友。

尽管这类患者有着夸大的毫无根据的怀疑理论，但还是应该与妄想症区别开来，因为他们并没有患上彻底的妄想症，比如他们只是怀疑会被害，而不是感觉已经被害。但这也是让人感到头疼的地方，因为几乎所有偏执型人格障碍患者都不会主动地向医生寻求帮助，一来因为他们很难信任他人；二来因为他们根本不觉得自己有任何问题，只是较他人而言，直觉更强罢了。

分裂样人格障碍的典型特征是社会孤立。比如我们前面事例中所说的乔治。别人评价这类患者，往往会说他们“孤独”“古怪”，而且缺乏社交的兴趣。

他们对于感情的表现往往很迟钝，甚至有时候完全无法判断情绪所表达的意义，对于一切事情感觉都是淡淡的，表情也是淡淡的。不过这类患者暂时还没有精神分裂症那么严重。他们不会出现幻觉，也没有到语无伦次，言行无状的地步，只是淡漠地，以一种无法理解的姿态来面对周围的一切。

不过也有专家认为，这并不是他们真正的面目，一些分裂样人格障碍患者的内心其实敏感细腻且多情，他们有足够的好奇心和无法表达的想要被爱的渴望，而这一切都很可能转嫁到动物身上。就比如说乔治，他就好像是倾注了所有感情，所有的爱都给予了他的狗。

分裂型人格障碍患者的思想和行为都非常古怪，这导致他们即便在和熟悉的人交往时也会显得很焦虑。与前两类相比，分裂型人格障碍似乎显得更严重一些，因为他们往往会有幻觉，虽然他们自己也能意识到那是幻觉，但却无力改变内心的焦虑和不安。这就会形成一种奇怪的反应，比如在公共场合自言自语，要么面无表情，在陌生人面前急切地想要逃避。

实际上，分裂型人格障碍的诊断依据有很多与精神分裂症的相重合，有人推测，也许这两种疾病都基于共同的遗传基础。

现在，让我们一起来探讨一下第二大类的人格障碍。

这一类比较有意思的是，多半以戏剧化、情绪化为特征。

在电影《猫鼠游戏》中，16岁的弗兰克经历了家庭的变故，决定离家出走。没有一技之长的他靠着行骗过上了富足的生活。整部电影围绕着他高明的行骗手段和一段心灵的救赎展开。而弗兰克当时的状态，就有着“反社会型人格障碍”的诸多典型特征。

无论是他假扮飞行员免费坐飞机周游世界，还是他炮制假支票对银行进行诈骗；亦或者他眼看着被捕而巧妙编织谎言脱身等等行为，似乎都缺乏正常的罪恶感。在面临“危险”时，他的焦虑感也很低，这就让他能够脸不变色心不跳地逃过FBI的抓捕。

他魅力十足且智商超高，他所有的“反社会”行为并不是寻求逃避他人，而更倾向于内心的冲动。

不得不承认，反社会型人格障碍往往和犯罪联系在一起，但二者并不能等同。研究者指出，反社会型人格障碍是由两个独立的维度构成的。第一个维度是人格，冷漠自私、缺乏同情心、对他人麻木不仁且从不关心他人的感情，但又具有一些肤浅的魅力。第二个维度是行为，有不稳定的社会关系，受法律问题困扰，有难堪的工作经历等等。通常这类患者同时拥有以上两个维度的特征。

“边缘型人格障碍”，这个术语最初是指介于精神病和神经症之间的行为特征，和精神病相比，边缘型人格障碍患者稍微能和周围人保持一点和谐的关系，但也只是一点点。他们最典型的特征就是情绪不稳定，非常容易失控，而且在情绪失控时很容易做出冲动的行为，这种行为往往是自残或自毁式的。

这类患者倾向于有不确定的自我同一性，比如十分钟前他们可以鼓励自己，表扬自己，但十分钟后，他们又会将一切都推翻，开始自我怀疑，自我贬低。如此跌宕的情绪起伏常常会让他们感到无聊和空虚，产生害怕孤独，害怕被抛弃的感觉。

这种害怕一旦上升到焦虑，他们就会不顾一切地去纠缠那些在乎的人，但也许方式太过极端，反将自己置于“被厌恶”“被放弃”的位置。因此他们爆发了，做出了一些冲动且难以挽回的事情。

而表演型人格障碍，用玛丽的例子来说明再合适不过了。这名36岁的单亲妈妈是一个有吸引力的女人，她喜欢穿很细的高跟鞋和紧身裤，每天都要化很浓的妆。可是她的发型却是十多年前流行的大波浪卷发。

玛丽的社会关系非常游离，没有固定的朋友，有一个17岁的女儿和一个27岁的男朋友。

玛丽之所以来问诊，是因为她的女儿前几天试图割腕自杀。然而当她向医生描述这一切的时候，却显得异常夸张。她的声音抑扬顿挫，挥舞着胳膊而把手镯弄得叮咚响，最后还很夸张地抓住自己的胸部。

她指责女儿随时随地都想吸引别人的注意，甚至当着自己的面勾引自己的男朋友。她们三人同住，无法搞好关系，经常争吵。

玛丽一共进行了三次咨询，每一次都浓妆艳抹地来，极尽表演技能地讲述事件，然后过度夸张地对咨询师表示感谢。

作为一名表演型人格障碍患者，玛丽很典型。这一类人在听到悲伤的事情时，会即刻显得很悲伤，而听到高兴的事情时，又会显现出夸张的兴奋。他们的每一天都生活在表演中，因为他们希望通过那个“演出来的自己”去吸引更多人的注意。

不可否认，这一类人通常富有一定的魅力，但是由于他们真正关注的是自我内心而无法与人真诚地交往。就像玛丽，她的每一段感情都像暴风骤雨似的，很快就过去，无法真正地维持一段长久的，可信赖的关系。

在行为表现和内心感受方面，表演型人格障碍与自恋型人格障碍有类似的地方。不过后者更加注重别人的肯定和赞美，几乎可以说到了迫切的程度。他们会用各种方式勉强别人对自己发出赞美，即便实际情况很糟糕。也因为这样，他们很难获得真正的情谊。

但在极端案例中，这一类型的患者是成功的，因为需要得到别人的肯定迫使他们不断地去努力，去自我提升。

当我们看到前两类人格障碍的不同表现之后，是不是觉得世界之大简直无奇不有呢？别着急，还有第三类人格障碍在等着你去敲开门。

25岁的海德森是一家公司的普通职员。他从来没有交往过任何女朋友，因为他没有任何自信觉得自己可以去接近喜欢的女孩。

然而，公司刚刚来的新职员南希似乎对他很感兴趣，主动地邀请海德森下班后一起去哪里“喝一杯”。当南希第二次开口时，海德森答应了，因为他觉得，对方既然肯再试一次，证明对自己是真心的。

南希和海德森很快开始恋爱，但这段关系却深深禁锢了彼此，他们最终不得不分开。原来，海德森一直很焦虑，如果南希某天说话的语气稍显平淡，海德森就会觉得她对自己不感兴趣了。如果哪天南希因为太累而拒绝约会，海德森就会一直追问，一直索求某种被爱的证明。最终南希受不了这种没来由的唠叨和反复的质问与肯定，向海德森提出了分手。

两人分开之后，海德森始终认为，南希从来没有真正地喜欢和关心过他。

如海德森这般恐惧爱又希望得到爱的表现实际上是一种严重的社交恐惧症，我们称为“回避型人格障碍”。

从内心诉求的角度来说，这类患者其实很渴望被关心、被关注、被认可。但是他们更害怕的是被伤害和当众出丑，为了避免面对可怕的情境，他们便选择逃避，杜绝可怕的事情发生的可能性。

保罗和海德森一样陷入了单身，不过导致保罗单身的原因是母亲的阻拦。母亲认为，两个宗教信仰不同的人根本不适合在一起生活，因此尽管保罗很爱自己的前女友，还是咬牙和对方分手了。

保罗今年已经35岁了，依然和母亲住在一起，母亲了解他所有的事情、喜好和习惯，也会帮他解决大部分的问题。除了事业，保罗在其他方面都很依赖自己的母亲，就连现在的工作，也是因为他太恋家而一直拒绝升职，待在一个与他能力有差距的普通岗位上。

保罗对母亲的感情是复杂的，一方面，他很讨厌母亲干涉自己的感情，但另一方面他又觉得，只有母亲最了解自己适合什么。

他的朋友少得可怜，因为除了工作，他几乎所有时间都待在家里。他每个星期都会和一个高中同学小聚一次，这位大概是他唯一的朋友了，但每次在外面玩，他一定会在晚上10点准时给母亲打电话报平安并在12点之前回家。

如果一个高中生像保罗这么乖，或许会让家长感到欣慰，但35岁的保罗显然患上了依赖型人格障碍，他依赖于母亲来做出决定，尽管有时候内心会有点不高兴，但绝对不会忤逆母亲的意思。

从内心深处来讲，因为不安全感和无助感让他缺乏一些行动力，而甘于当妈妈的乖乖儿子。试想如果母亲对于他找的每一个女朋友都不满意的话，保罗这辈子也许就别想结婚了。

病理溯源

传统的弗洛伊德理论提出了俄狄浦斯情结，而心理动力学理论正是以这种情结作为研究人格障碍的基础。他们更关注的是幼儿在一岁半至三岁期间的发展。

在这里，我们可以用更通俗的语言来解释相关的研究。

试想，如果一个孩子在自己的是非观还没有形成之前，得不到父母的支持和肯定，他们很可能会形成一种病态的自恋，或者是回避心理。他们无法感受到明确的爱，缺乏肯定和自尊，在此后的人格发展中，有的孩子就会萌生出一些过度的自我完美意识，他们希望用这些东西去掩盖不足之处，然而他们对于“不足”和“厉害”实际上并没有一个正确的认识。

而有一些孩子则可能回避到一种自我保护的状态中去。他们在内心筑起高高的墙，任何人不得入侵。他们装作不接受爱的样子，内心却又

悄悄窥探爱的模样，不断试探，不断怀疑，不断推翻，无法得心应手地来维持亲密的关系。

支持学历理论观点的研究者更加关注的是人们适应不良行为的能力和模式。比如当孩子稍微犯了点错，却遭到父母严厉的批评或责罚，那么很容易让孩子形成一种不灵活的、完美化的标准。为了不再受到惩罚，孩子可能要求自己一定要做得尽善尽美，在父母喜欢的某些事情上极端努力。这样的结果很可能培养出某一个方面的人才，但在其他方面，他们却缺乏正常的理解能力和承受能力。

很多的理论学家却认为，家庭关系的混乱才是导致人格障碍的重要因素。因为他们发现，那些人格障碍患者更多地描述的是父母给予的压力而非关心，他们在讲述一些不好的回忆时，往往能够使用一些诸如“恶魔”之类的可怕的词语。似乎在他们的记忆中，记得的都只是被伤害和被忽视的那些事情。

可实际上，人格障碍是非常复杂的一种心理疾病，不可能仅因为一种因素而导致，当我们因为一些讨厌的人、夸张的人、自闭的人而感到不耐烦的时候，不妨多花点时间去关心他们，这也许是对人格障碍患者最好的帮助。

专题3：那些“不正常”的天才们

一个天才的癫痫病患者——陀思妥耶夫斯基

费奥多尔·米哈伊洛维奇·陀思妥耶夫斯基，19世纪苏联大文豪之一，与列夫·托尔斯泰、屠格涅夫等人齐名，是俄国文学的卓越代表，是俄国文学史上最复杂、最矛盾的作家之一。部分学者认为他是存在主义的奠基人，如美国哲学家瓦尔特·阿诺德·考夫曼就曾认为“陀思妥耶夫斯基的《地下室手记》是存在主义的完美序曲”。

1863年的一个夜晚，陀思妥耶夫斯基来到俄国文学评论家斯特拉霍夫的家中做客，他经常在晚上散步时来这里坐坐，随便聊聊。

那一晚，两人相谈甚欢，陀思妥耶夫斯基很兴奋，高声谈论着各种话题，因为过于兴奋，他在屋子里走个不停。斯特拉霍夫赞同陀思妥耶夫斯基的观点，这也让后者更加兴奋，脸上露出亢奋的神情，声音也越来越大。

很显然，陀思妥耶夫斯基的情绪达到了高潮，这也是他为什么经常来斯特拉霍夫家里做客的原因，因为聊得来，同时能够得到对方的赞赏。

然而，意想不到的事情发生了，陀思妥耶夫斯基兴高采烈地讲述着自己的观点，斯特拉霍夫静静地听着。可是突然间前者停了下来，随即房间内异常安静，静得让人恐惧。这时，斯特拉霍夫已经感到有些不对劲，陀思妥耶夫斯基的嗓子里发出一种持续不断的怪声，当斯特拉霍夫想要站起来查看时，陀思妥耶夫斯基突然晕倒在地，身体不停地抽搐，口吐白沫。

陀思妥耶夫斯基因为过于兴奋，他的癫痫病又犯了。

陀思妥耶夫斯基是一位严重的癫痫病患者，弗洛伊德曾经这样描述他的人格特征“富有创造性的艺术家、神经症患者、道德家和罪人。”

陀思妥耶夫斯基从小就患有癫痫病，9岁时首次发病，从那时起癫痫病就从没有离开过他。由于发病越来越频繁，39岁时陀思妥耶夫斯基开始记录每一次的发病情况，直到59岁去世时，一共发病102次。

弗洛伊德曾经运用精神分析学的方法对陀思妥耶夫斯基的癫痫病进行分析，他认为病症不是由于生理因素造成的，而是心理原因造成的，出于心中对父亲之死的愧疚感与负罪感。

弗洛伊德认为陀思妥耶夫斯基存在“俄狄浦斯情结”，前面提到过，这是一种恋母弑父心理。陀思妥耶夫斯基的父亲是个酒鬼，据说经常在醉酒后打骂他，但也有人说父子间关系不错，具体情况不得而知。

18岁时，陀思妥耶夫斯基的父亲突然去世，在内心短暂的狂喜之后，一股强烈的负罪感与愧疚感袭来，这也使得他的癫痫病越来越厉害。当然，这些都是弗洛伊德的猜想。

随后，很多学者和医学专家们否定了这种说法，他们认为陀思妥耶夫斯基的癫痫病并非纯心理症状，而是由生理原因引起的——脑部受损或者家庭遗传。

陀思妥耶夫斯基的父亲死因不明，有传言说是其酒后打骂手下农奴，结果被对方用伏特加灌死了，也有人说是自然死亡，但之后有证据显示他是死于癫痫发作。陀思妥耶夫斯基很显然遗传了这种病症，也没能逃出癫痫发作而死的命运。

陀思妥耶夫斯基一生饱受癫痫病之苦，从他的作品中就能看出，在《白痴》里的梅什金和《卡拉马佐夫兄弟》中的斯麦尔佳科夫都患有癫痫病，可见这种病症对他的影响之深。当然，他也从癫痫中得到了某种好处，就是每当因癫痫病发作而精神紊乱时，他的灵感就如泉涌般出现，他在给哥哥的信中也写道："以往每次我经历这种神经紊乱时，我都会把它用在写作上；在那种状态下我会比往常写得更多，也会写得更好。"

实际上，陀思妥耶夫斯基得的是癫痫病的并发症，被称作"多写症"，这也是他成为一名高产作家的原因之一，他一生写了十九部作品，并留下了大量的笔记、日记和书信文字。多写症病人有一种持续而旺盛的写作冲动。根据精神病学家的临床案例，很多病人每次前来就诊都会带着一两本厚厚的笔记本，里面密密麻麻写满了文字，有些患者则以画图来表现。

在优雅与抑郁之间游走的灵魂——弗吉尼亚·伍尔夫

弗吉尼亚·伍尔夫，英国女作家，批判家，意识流小说的代表人物之一。《墙上的斑点》是她第一篇典型的意识流作品，其最知名的小说包括《戴洛维夫人》（Mrs. Dalloway）、《灯塔行》（To the Lighthouse）、《雅各的房间》（Jakob's Room）。

1934年，一位憨厚淳朴的英国村妇找到了一份女佣的差事，而女主人正是年过五十的弗吉尼亚·伍尔夫，工作第一天，这位女佣就被吓得够呛。当她正在打扫厨房时，清晰地听到了楼上浴室传来的谈话声，好像有好几个人在热烈地讨论，但她很清楚屋里只有她跟弗吉尼亚·伍尔夫两个人。于是，胆战心惊地女佣悄悄走上楼梯，发现浴室中确实只有女主人自己。

后来，女佣习惯了弗吉尼亚·伍尔夫的自言自语，她发现伍尔夫情绪低落时就会独自走进厨房坐下来，然后忘了想要说什么；有时也会在花园散步，步履缓慢，作沉思状，她沉浸在思考中无法自拔，以至于经常走着走着就撞到了树上。

七年之后的一个午后，女佣看见伍尔夫出了门，但一直到晚饭时也没回来，丈夫走进她的房间，在桌子上发现两封遗书。几周后，她的尸体在河边被发现。警方在她的衣服口袋中发现了很多石块，因此推测，她是自杀的。

伍尔夫的遗书是写给丈夫的，信中饱含深情与痛苦的诉说：

我最最心爱的：

我确定我又要发病了，我觉得我们无法再承受一次这种可怕的经历。而且这一次，我没办法恢复过来。我已经开始产生幻听，无法集中注意力。所以，我要做我能做的最好的事了。你给予了我最无与伦比的幸福，你在任何方面都做到了无可挑剔。直到这个可怕的疾病来临，我都不认为会有两个人比我们更幸福。我撑不下去了。我知道我正在毁掉你的人生，而没有我你原本可以很好。我知道你一定会的。你看，我甚至都没办法好好写这玩意。我无法阅读。我想说的是，我这辈子所有的幸福都是因为有了你。你对我有着毫无保留的耐心和体贴。我想说，每个人都知道这一点。如果真的有人能挽救我，那一定是你。一切都离我而去了，除了对你的信念。我不能再继续侵蚀你的生命了。

我相信没有人能比我们曾经拥有的还幸福。

弗吉尼亚·伍尔夫在遗书中说的是什么病呢？让这位优雅的作家选择死亡作为解脱。原来，伍尔夫患有“躁狂抑郁症”。

躁狂抑郁症又被称为躁郁症、双极症，是一种以情感的异常高涨或低落为特征的精神障碍性疾病，其病因尚不明确，兼有躁狂状态和抑郁状态两种主要表现，可在同一病人身上间歇交替反复发作，也可以一种状态为主反复发作，具有周期性和可缓解性，间歇期病人精神活动完全正常，一般不会表现出人格缺损。

了解伍尔夫的症状，要从其复杂的家庭背景谈起，她来自一个9口之家，两群年龄与性格不合的子女经常发生矛盾与口角，其中伍尔夫同母异父的两位兄长对她的伤害最深。

1895年母亲去世之后，伍尔夫第一次精神崩溃，源自于两位兄长的性侵犯。后来，她在自传《存在的瞬间》中提到过此事，这一事件对她的影响是非常深远的，造成了严重的精神创伤，与其日后的自杀有直接联系。因为这次创伤，伍尔夫成年之后十分厌恶并恐惧性生活，更不愿生儿育女，对于同性的依恋甚至一度成为她感情世界里的重心。

弗吉尼亚·伍尔夫的父母相继离世，这对她造成了很大打击，再加上生活中的不幸经历，让她如含羞草一般敏感，又如玻璃般易碎，在外人眼中，她是那么优雅，又是充满神经质，一生游走于优雅与疯癫之间。

曾有人这样描述她："她的记忆有着隐秘的两面——一面澄明，一面黑暗；一面寒冷，一面温热；一面是创造，一面是毁灭；一面铺洒着天堂之光，一面燃烧着地狱之火。"

弗吉尼亚·伍尔夫一生中经历过四次精神崩溃：

1895年，母亲的病故引发了她的第一次疾病发作，那一年她13岁；1904年，父亲的去世让伍尔夫再次精神崩溃，她从窗户跳了下去摔成重伤；1913年再次发作，她吃了一百多粒安眠药，所幸抢救及时；1941年，伍尔夫最后一次精神崩溃，这一次她永远地离开了人世。

伦纳德·伍尔夫在自传中回忆了妻子发病时的情形："在躁狂阶段她会极其兴奋；她思如泉涌，口若悬河，在最严重时会语无伦次，她会幻视幻听，比如，她曾经告诉我在她第二次发病时听到过窗外花园里的小鸟用希腊语唱歌，在躁狂阶段她也会粗暴地对待护士……在抑郁阶段，她的想法和情绪则与躁狂阶段完全相反。她深陷在忧郁和绝望之中，她少言寡语、拒绝进食、拒绝相信她自己有病，坚持认为她当前的状态完全是咎由自取，最严重时，她会试图自杀。"

弗吉尼亚·伍尔夫的一生游走于优雅与疯癫之间，正常时她是那么优雅安静，而发病时简直变了一个人。最终，这位出色的作家还是没能抵抗住病魔的侵蚀，决定彻底告别痛苦的人世。

家族式自杀诅咒——海明威

欧内斯特·米勒尔·海明威，美国知名作家和记者，被认为是20世纪最著名的小说家之一，美国“迷惘的一代”（Lost Generation）作家中的代表人物，作品中对人生、世界、社会都表现出了迷茫和彷徨。1953年，他以《老人与海》一书获得普利策奖，翌年该作品又为他夺得了诺贝尔文学奖。晚年在家中自杀身亡，与其家族其他成员一样，都没能逃过自杀的悲剧命运。

海明威与弗吉尼亚·伍尔夫患有同样的精神疾病——躁狂抑郁症，两人的经历也十分类似，饱受着病痛的折磨，最终因无法忍受病痛而终结了自己的人生。

海明威这一生可谓命运多舛，他曾在同一年中经历过两次飞机失事，其中第二次伤的最为严重，所幸大难不死，但之后他的身体状况每况愈下。更可怕的是，他的精神状态开始出现问题，这位受人尊重的大作家经常表现得自负、好斗、行为乖张，甚至粗暴地对待他的妻子，就像变了一个人。

海明威开始毫无节制地饮酒，这也让更多的疾病找上他。随着海明威精神状况的恶化，他经常性失眠，并被噩梦纠缠折磨；他曾在朋友面前摆弄步枪，不止一次地模仿自杀场面，让在场的人惊恐不已。同时，妄想症也开始越来越频繁地出现，他认为政府要来捉拿他，家里遭人窃听，一切都处于别人的注视之下；他担心被捕入狱，担心在古巴的财产被卡斯特罗政府没收；他甚至认为朋友和家人会谋杀他……

不仅是海明威，他的家人也饱受折磨，所以妻子不得不将他送到一座著名的精神病诊所，为了掩人耳目，还需要秘密地接受心理治疗。事后，医生确诊了海明威的病症属于躁狂抑郁症。

在接下来的时间里，海明威接受了治疗，电击疗法虽然缓解了病情，却带来了更为严重的副作用，那就是让患者丧失了部分记忆，这对于一名作家来说，无疑是致命的打击。海明威曾给友人写信道：“这些做电疗的医师不了解作家……他们毁了我的脑子，抹去了我作为一生资产的记忆，因此毁了我的事业，这样做到底意义何在？”

丧失了写作能力的海明威，正在一步步走向地狱，此时刚刚60岁的他，看起来却像一位耄耋之年的老人。终于，在1961年的一个早晨，在他们爱达荷州的家里，一声清脆的枪响惊醒了妻子与树上的小鸟儿，一代大作家海明威举枪自尽，享年62岁。

揭密海明威家族式的悲剧命运。

海明威饱受躁狂抑郁症的侵扰，而这种精神疾病已被证明具有遗传性，海明威家族没能逃过自杀的厄运。

海明威28岁的时候，父亲自杀身亡；他的妹妹厄休拉也因饱受癌症和抑郁症之苦选择自杀；十几年后，海明威唯一的弟弟莱斯特因患糖尿病需要截肢后举枪自尽；海明威的孙女玛尔戈也因吸毒而患上了严重的狂躁抑郁症，并在海明威吞枪自杀35年后神秘死亡，相关部门最终认定玛尔戈死于自杀。

在海明威其他家族成员中，都或多或少地被精神疾病所困扰。海明威家族的自杀魔咒持续了整整四代人，直到数十年后，他的孙女玛丽尔·海明威才破除了魔咒，她是好莱坞女演员，用积极热情的生活方式结束了这场诅咒。然而，破除魔咒的过程并不容易，玛丽尔告诉媒体，她是通过长期的瑜伽与冥想才活了下来。的确，爷爷自杀，父母酗酒，姐姐吸毒，丈夫患上脑癌，这一系列打击都预示着玛丽尔将会重蹈覆辙，然而她却最终战胜了魔咒。

根据一项统计显示：作家患躁郁症的概率比普通人高出10至20倍，患忧郁症的概率比普通人高出8至10倍，而自杀的概率更比普通人高出18倍。

像伍尔夫和海明威一样饱受躁郁症困扰的作家还有很多，如巴尔扎克、查尔斯·狄更斯、果戈理、高尔基、托尔斯泰、屠格涅夫、左拉，等等，这些天才光环的背后，无不忍受着非人的折磨。有时真的很庆幸，还是做一个普通人更好。

精神失常的诺贝尔经济学家得主——约翰·纳什

约翰·福布斯·纳什，美国数学家，前麻省理工学院助教，主要研究博弈论、微分几何学和偏微分方程。1994年，他和其他两位博弈论学家约翰·C·海萨尼和莱因哈德·泽尔腾共同获得了诺贝尔经济学奖。

这位天才经济学家也没能躲过精神疾病的侵扰，纳什从小就显得内向而孤僻，他出生在中产阶级家庭，受过良好的教育，但很小的时候，纳什就表现出孤僻的性情，他总是一个人埋头看书或独自玩耍，很少与其他孩子一起玩。

上大学以后，纳什的数学才能开始显现出来。1948年，大学三年级的纳什同时被哈佛、普林斯顿、芝加哥和密执安大学录取，而纳什最终选择了更为热情的普林斯顿大学。

1950年，22岁的纳什提交了一篇只有27页的博士论文，以非合作博弈（Non-cooperative Games）作为主题，其中提出了一个重要概念，也就是后来被称为“纳什均衡”的博弈理论，这也为他奠定了数十年后获得诺贝尔经济学奖的基础。

纳什精神失常的现象发生在结婚之后，这个“孤独的天才”真实的一面开始逐渐显露出来，性格中孤僻、傲慢、冷漠、古怪的一面暴露无遗，天才的自大让他远离普通人，他沉醉于自己的隐秘世界，根本不能理解也无心过问世俗事务。

然而，纳什似乎很享受这种生命状态，在一次新年晚宴上，纳什竟然一身婴儿打扮，让众人目瞪口呆。仅仅两周之后，他拿着一份《纽约时报》，对着麻省理工学院的教授们宣称，他正在通过这份报纸与来自宇宙的神秘力量沟通，世界上只有他能够解读外星人密码。

精神病都是一家人，当时竟然有人信以为真并与纳什聊了起来。“你为什么这么肯定信息来自外星人？”

“有关超自然体的感悟就如同数学中的灵思，是没有理由和先兆的。”纳什回答。

纳什30岁时获得了麻省理工学院的终身职位，妻子怀孕，并在不久之后为他生下了一个儿子，然而纳什的病症更加严重了，他经常出现幻听、幻象，最终被确诊为严重的精神分裂症。纳什在痛苦的治疗与复发过程中度过了那段艰难的岁月。

那时，有人看见他光着脚走在大街上，目光呆滞，蓬头垢面，胡子拉碴，见到他的人纷纷躲避，没有人相信这是麻省理工学院的教授。纳什也因为精神分裂症与很多奖项无缘，并一度被学术界遗忘。

又过了几年，妻子终于对纳什忍无可忍，无奈地选择了离婚，但是她依然深爱着丈夫，余生再未另嫁，还用自己微薄的收入以及亲戚朋友的接济照料着纳什跟儿子。在之后长达30多年的治疗中，纳什辗转了几家精神病医院，病情逐渐稳定下来。

一部很有名的影片《美丽心灵》（A Beautiful Mind）就是根据约翰·纳什与他的妻子艾莉西亚（曾离婚，但2001年复婚）以及普林斯顿的朋友、同事的真实感人的故事为题材，重现了纳什传奇又疯癫的生命历程。电影于2001年上映，并一举获得8项奥斯卡提名。对于纳什经历感兴趣的读者，不妨一看。

输给癫痫病的天才政治家——凯撒大帝

盖乌斯·尤利乌斯·凯撒，即凯撒大帝，罗马共和国末期杰出的军事统帅、政治家。凯撒出身贵族，骁勇善战，仅用8年时间就征服了高

卢全境（今法国一带），还袭击了日耳曼和不列颠。公元前49年，他率军占领罗马，打败庞培，集大权于一身，实行独裁统治。

公元前44年凯撒被刺身亡，享年58岁，然而最近有一种新的说法，凯撒并非被刺身亡，而是死于自杀。

一直以来，人们对凯撒被谋杀一事从未怀疑，这可以称得上是西方历史上最著名的"元首遇刺案"。然而，据英国《泰晤士报》报道，意大利犯罪研究学专家路西诺·加罗凡诺和美国哈佛大学医学院布兹塔金教授等人日前通过研究大量历史资料，并且用电脑程序模拟2000多年前的暗杀现场后，得出了凯撒是自杀的结论。

伦敦某影视公司为了拍一部有关凯撒大帝的影片，为了更详尽地了解历史上最著名谋杀案的内情和真相，他们重金聘请了犯罪研究学专家路西诺·加罗凡诺调查这起事件。根据历史记载，凯撒被刺后3小时左右，尸体就被仆人领走了，一位名叫安蒂斯蒂乌斯的医生对其进行了尸检，根据尸检报告来看，凯撒身上一共有23道刀伤，只有最后一刀才是致命的。影视公司通过电脑模拟还原了当时的场景，分析认为攻击凯撒的行凶者大约有5~10人。

加罗凡诺认为凯撒之死存在很大"疑点"：第一，凯撒是一个精明的政治天才，为什么会在元老会上故意激怒敌人而招来杀身之祸；第二，既然选择激怒敌人，为什么又突然解雇了所有保镖。

带着以上几点疑惑，加罗凡诺前往美国哈佛大学医学院，与世界顶尖精神病学专家哈罗德·布兹塔金教授进行了商讨，并得出了凯撒自杀的推论。作为当时世界上最精明、最具智慧的政治家和军事家，凯撒绝不会如此轻易地被谋杀掉，他们一致认为是凯撒自己"策划"了对自己的谋杀，也就是说他选择了自杀。

精神病学专家布兹塔金在谈到凯撒的死因时，认为是健康问题导致其自杀。凯撒死时已经56岁了，按照当时的人类寿命来说，已经是标准的老人。此外，通过调查，他们发现凯撒当时已患有严重的颞叶性癫痫，每当病发时，病人会忘记一切，甚至还会大小便失禁。

这一点也吻合了当时元老院议员们向凯撒授勋时，他却端坐在椅子上不动的失礼行为，也许他正好癫痫发作，失去意识无法站立起来，也可能因大小便失禁而不便起身。要知道，这已经是凯撒第二次癫痫发作了，当年在战场上他也曾发病，这让凯撒痛苦不已。

莎士比亚在历史剧中也刻意表现了这一幕：当凯撒没有理会元老院议员们的授勋之后，并没有人表示出不满，然而当事后凯撒恢复了意识，他立刻回家，脱去衣服，咆哮着说要把自己的喉咙给任何一个想割的人去割。凯撒认为他的失礼举动完全是由于疾病的缘故，虽然他当时不知道自己得了癫痫，但却很清楚，一旦病情发作，他就会立即感到头脑昏晕、手脚休克，最后完全失去知觉。

布兹塔金分析说："这已有足够的理由趋使一个骄傲的头脑选择自杀之路了。像他这样的人，是宁愿癫痫发作后昏迷不醒而死，还是更愿意有意识地死去，并将死亡用作最后打击政敌的工具呢？凯撒仍是凯撒，他连死亡都不放过。"

饱受病痛折磨的凯撒实际上已经安排好了一切，就连死亡也设计好了，甚至算准了被刺事件将为自己带来的死后哀荣。"而对那些阴谋刺杀凯撒的贵族议员们来说，他们什么也没有得到。当这些人选择在元老院中刺杀凯撒的时候，也等于在自己的死刑执行书上签了名。并且，凯撒在被刺6个月前就修改了他的遗嘱，选定自己的外甥屋大维继任罗马执政官之位。在凯撒的遗嘱中，他还要求将自己的私人财富平分给罗马市民，在听到这个'感人的遗嘱'后，参加葬礼的罗马市民们的情绪一下由哀悼变成了愤怒，他们砸桌子、扔椅子，以最疯狂的情绪来表达悲伤。"

虽然以上都是犯罪研究学专家路西诺·加罗凡诺与哈罗德·布兹塔金教授的猜想，没有被最终证实，但是可以推断出当时的凯撒确实饱受癫痫病的折磨，这对于一位政治统帅来说，确实是一件痛苦的事。

孤独自闭的天才们——牛顿、爱因斯坦

艾萨克·牛顿爵士，英国皇家学会会长，英国著名的物理学家，他在1687年发表的论文《自然定律》里，对万有引力和三大运动定律进行了描述，这些描述奠定了此后三个世纪里物理世界的科学观点，并成为了现代工程学的基础理论。

爱因斯坦，犹太裔物理学家，1905年提出光子假设，成功解释了光电效应，因此获得了1921年诺贝尔物理学奖。1905年，创立狭义相对论。1915年创立广义相对论。

爱因斯坦为核能开发奠定了理论基础，在现代科学技术和广泛应用等方面开创了现代科学新纪元，被公认为是继伽利略、牛顿以来最伟大的物理学家。

孤独症，又称自闭症，也叫阿斯博格综合症，在临床上表现为行为怪异，但并不代表患者能力低下。相反，研究发现历史上很多天才，诸如牛顿、爱因斯坦、梵高、贝多芬、莫扎特、安徒生等人都存在不同程度的孤独症。

孤独症患者因为不善与人交往，在社交技巧与沟通上存在很大问题，因此经常被视作“异类”，他们的行为古怪，言谈惊人，无法被一般人接受。

研究表明，爱因斯坦在很小的时候就表现出了孤独症的迹象。很小的时候，爱因斯坦就表现得不合群，7岁时就开始说一些别人听不懂的话。

牛顿也存在这样的特点，不善讲话，只专注于工作，以至于经常忘记吃饭。因为不与人交往，牛顿的朋友少得可怜，即便如此，他对仅有的几个朋友也很冷淡。牛顿的脾气古怪，行为怪异，即便没有人听他演讲，他也会对着空屋子一直讲个不停。50岁的时候，他出现精神失常症状。

剑桥和牛津大学的研究人员认为像牛顿、爱因斯坦这样的天才科学家患有这类病症，应归咎于他们的高智商，对于比自己智商低的人缺乏耐心，对生活中某一目标充满激情并自我陶醉，造成了个人的孤立和难以相处。这一点不难理解，生活中对于那些无论如何也听不懂我们话的人，确实懒得搭理他们。

研究人员称孤独症并非只有消极面，它使人更具有创造性，有高度的注意力，对工作坚持不懈，充满激情。

英国剑桥大学和牛津大学的权威科学家对牛顿与爱因斯坦的性格进行仔细研究之后指出："牛顿的情况属于典型的阿氏综合症，他平时寡言少语，只顾专心于工作，经常忘记了吃饭。本来他的朋友不多，但他还是对他们表现冷淡，甚至对他们大发脾气。"

剑桥大学的巴龙·科恩教授称，爱因斯坦也非常不合群，当他还是个孩子的时候，就经常强迫性地反复背诵课本上的一些词句。虽然和牛顿相比，爱因斯坦的朋友要多一些，但巴龙·科恩教授还是认为他患有不同程度的阿氏综合症。

精神失常的"疯子"——尼采

弗里德里希·威廉·尼采（Friedrich Wilhelm Nietzsche，1844～1900）德国著名哲学家。西方现代哲学的开创者，是一位兼有哲学家的深刻思想，和诗人、艺术家的浪漫气质的现代最伟大的思想家和哲学家之一。研究哲学之前，尼采是一名文字学家，24岁时就成为瑞士巴塞尔大学的德语区古典语文学教授，1879年由于健康问题辞职，之后一直饱受精神疾病煎熬，直到去世。

1887年，尼采的病情加重，空虚感让他变得歇斯底里，他开始与朋友们绝交，将母亲和妹妹视作"完整的地狱机器"。尼采曾说过，"我不是人，我是炸药！"1888年的秋天，尼采说出了那句经典的"上帝死了！"

1889年，尼采彻底疯了。1月3日，尼采在意大利都灵的广场上拼命抱住一匹被马夫鞭打的马的脖子，从此精神病发作。后来，房东发现尼采躺在广场上，便将他带回家。那天晚上，尼采又唱又跳，不停地弹着钢琴，吵得房客无法入睡。后来，房东还通过锁孔观察到，尼采经常在屋里赤裸着身体跳一些奇怪的舞蹈。

尼采经常邮寄一些疯狂的明信片，但是大部分被都灵的邮局没收，仅有几张被寄了出去，其中一张寄到梵蒂冈的明信片署名为“手脚钉在十字架上被处死的人”，还有一张寄给老朋友的明信片上写着“我刚被所有反闪族的人射杀”。

尼采疯狂的举动越来越频繁，他经常胡言乱语，时而又放声歌唱，让周围的人不知所措，在一次旅途中，当火车穿越一段漫长的黑暗隧道时，尼采开始吟诗，让身边的朋友们十分“惊恐”。

最终，尼采住进了精神诊所，专家在住院单上写着：“弗里德里希·尼采，巴塞尔教授，年龄23，1866年，感染梅毒。”

关于尼采是否发疯的问题一直争论不休，有些人认为他是在装疯卖傻，而有些人认为他是因为梅毒引起的脑神经损伤，进而患有麻痹性痴呆。

雷纳德·萨克斯博士曾经仔细研究了尼采1889年的病历及当时的书信，认为尼采没有患上性病，他说：“尼采毫无这些（梅毒）症状，脸上表情依然灵活，反应正常，没有不时发抖，发病后的笔迹至少跟发病前几年的一样清楚，最重要的是讲话依然流利。”最后，萨克斯博士大胆推测，导致尼采精神失常的是一种慢性脑瘤。

尼采究竟有没有患上梅毒不得而知，但他的确饱受病痛折磨，同时从另一个角度来说，他的成就也受益于疾病。托马斯·曼更曾说过：“他的天命就是他的天才。但是，他的天才还有另一个名字：疾病。”弗洛伊德也认为，疾病是尼采的宿命，他指出：“尼采内省反思所达到的程度，可说是空前绝后……最基本的因素还是必须加上去：麻痹性痴呆在尼采生活中所扮演的角色。麻痹性痴呆形成一种松开的过程，使得他有能力看透各种层次，并且认清最基本的直觉，达到非凡的成就。”阿德勒（Alfred Adler）也认为：麻痹性痴呆的人可能有非凡的成就。

尼采住进精神病院之后经常会心烦意乱，写东西时字迹颤抖，说话时不断用手势表达以及做出奇怪表情。前五个月，他情绪十分激动，经常做出疯狂的举动，比如用粪便胡乱涂抹，喝自己的尿，大声尖叫，偶尔出现妄想症与幻听现象……不过后来表现逐渐稳定，看起来跟正常人毫无两样，但是医生认为，尼采复原的几率不大。

次年3月，尼采因为病情逐渐稳定而获准出院，此后一直由母亲照顾，直到1897年母亲过世，尼采改由妹妹伊莉莎白照顾，直到去世。

从1894年年初起，尼采就很少出门。1895年，他开始出现身体瘫痪的迹象。好友回忆最后一次探望尼采时的场面：他半蹲在角落，好像希望不受打搅，但之前他还表现出十分兴奋的样子，又吵又叫。1900年8月25日，尼采死于中风。